甘地

Mahandas
Gandhi

甘地

Mahandas Gandhi

皮波人物国际名人研究中心 编著

国际文化出版公司
·北京·

图书在版编目（CIP）数据

甘地/皮波人物国际名人研究中心编著. --北京：
国际文化出版公司，2012.10（2024.2重印）
（名人传记丛书）
ISBN 978-7-5125-0382-3

Ⅰ．①甘… Ⅱ．①皮… Ⅲ．①甘地，
M.K.（1869～1948）—传记 Ⅳ.①K833.517=5

中国版本图书馆CIP数据核字（2012）第135787号

甘地
————

作　　者　皮波人物国际名人研究中心　编著
责任编辑　戴　婕
统筹监制　葛宏峰　刘　毅　任立雍
策划编辑　刘露芳
美术编辑　丁鉷煜
出版发行　国际文化出版公司
经　　销　国文润华文化传媒（北京）有限责任公司
印　　刷　北京一鑫印务有限责任公司
开　　本　700毫米×1000毫米　　16开
　　　　　8.75印张　　　　　　　85千字
版　　次　2012年10月第1版
　　　　　2024年2月第3次印刷
书　　号　ISBN 978-7-5125-0382-3
定　　价　33.00元

国际文化出版公司
北京市朝阳区东土城路乙9号　　　　邮编：100013
总编室：（010）64270995　　　　传真：（010）64270995
销售热线：（010）64271187
传真：（010）64271187-800
E-mail：icpc@95777.sina.net

目录

目录

目录

少年时代

家族的故事

　　种姓制度是印度社会古老的封建等级制度，这个制度将人按不同职业分为由高到低的四个等级：婆罗门、刹帝利、吠舍和首陀罗。这种等级世代相传，终身不变。不同阶级的人不能通婚，甚至不能同桌吃饭。

莫罕达斯·卡拉姆昌德·甘地

　　婆罗门是祭司贵族，它主要掌握神权，占卜祸福，垄断文化和报道农时季节，社会地位是最高的。

　　刹帝利是军事贵族，包括国王以下的各级官吏，掌握除神权之外的一切权力。

　　婆罗门和刹帝利这两个高级种姓靠剥削为生，占据了古代印度社会中的大部分财富，是社会中的统治阶级。

吠舍是古代印度社会中的普通劳动者，包括农民、手工业者和商人，他们必须向国家缴纳赋税。甘地的家族就属于这个等级。

首陀罗是指那些失去土地的自由民和被征服的达罗毗荼人，实际上处于奴隶的地位。

甘地的祖先最初是做小本生意的，但从他的曾祖父开始，甘地家族就不再经商了。甘地的曾祖父凭着他的才干，担任了卡提阿瓦的波尔班达王国的首相。卡提阿瓦是印度西端一个小的半岛，划分有不少的印度联邦，其中心在拉奇科特。

甘地的祖父乌云昌德·甘地是一位德高望重的长者，他继承父亲的职位，担任波尔班达王国的首相。后来，因为某种政治原因，他被迫离开了波尔班达，逃往邻国朱那加特避难。当他前去拜见朱那加特国王时，曾举起左手敬礼，并感激地说："谢谢您的救命之恩，我会永远铭记在心。"

在印度，用左手向人敬礼是很不礼貌的行为。尤其是跟国王这样尊贵的人敬礼，这种行为很可能给他带来杀身之祸。当时，国王的臣子们纷纷指责他说："你怎么对我们的国王这样无礼呢？"

甘地的祖父立刻道歉，并解释说："虽然现在我被波尔班达王国驱逐，但我仍是波尔班达的人。当年我曾用右手宣誓，保证永远效忠于波尔班达王国。现在，我虽然逃到贵国，但也不能违背自己立下的誓言，我也知道用左手敬礼很不礼貌，但这是不得已的事啊！"

听了这番话，国王非常感动，不但原谅他的无礼，而且比以前更敬重他。不久这件事传到了波尔班达，波尔班达国王很后悔将甘地的祖父驱逐，所以立刻派人迎接他回国，并恢复他首相的官职。

甘地的祖父有七个儿子，其中老五卡巴·甘地和老六杜尔希达斯·甘地先后当过波尔班达的首相。卡巴·甘地就是甘地的父亲。

卡巴·甘地一共结了四次婚，他每次再婚都是因为前妻去世。他的前两任妻子生了两个女儿；第三任妻子没有生育，最后一任妻子普特丽白生了一个女儿和三个儿子，其中最小的儿子就是莫罕达斯·甘地。

卡巴·甘地为人正直不阿、豪爽忠勇，不管是平民还是贵族，他都一视同仁。他对国王忠心耿耿，对百姓爱护备至，只要是对人民生活有益的事，他都竭力争取，完全不计个人的利害，因此深受人们的爱戴。

当时，英国为了统治印度，便派了一位官吏到波尔班达来。他的随从官员很多，一个个都非常神气，而且目中无人，其中有一个人甚至轻蔑地说："波尔班达的国王是个懦夫，腐败无能！"

这时，在座的许多大臣敢怒而不敢言，都假装没有听到似的，只有卡巴·甘地挺身而出，向英国官员抗议说："你虽然是英国人，但是也没有权利毁谤我们的国王，你必须起来道歉！"

那位英国官吏不但不认错，反而指责卡巴·甘地不尊重他，强迫他向自己道歉。卡巴·甘地断然拒绝了这种无理的要求，结果被这些英国人绑了好几个钟头。

这件事传开以后，举国震怒。百姓们都聚集起来，强烈谴责英国人的行为，并要求他们释放卡巴·甘地。英国官吏知道众怒难犯，只好把他放了。

从这件事就可以看出卡巴·甘地是多么刚直不阿的一个人。

卡巴·甘地担任了多年首相，仍然两袖清风，没有为子女留下多少产业。他没有受过什么教育，但他善于从实际生活中学习和总结经验，因此他有足够的能力解决最复杂的问题，并且能够管理成千上万的人。

他并不是很热心的信徒，虽然信仰印度教，也只是偶尔上寺院去膜拜而已。上了年纪以后，有一位博学的高僧劝他多读古印度教的经文，因此他开始念起来，而且每天祷告的时候，总要朗诵几段。

母亲给甘地印象最深的就是她那颗虔诚圣洁的心。甘地的母亲是一个虔诚的教徒，无论什么时候，她都不会不祷告就吃饭。去毗湿奴神庙参拜是她每日必行之事，即使是生病也从未中断过。

在印度，每当雨季来临时，教徒们都要禁食，祈祷阳光重现，母亲也不例外。有一年的雨季，母亲对神发下重誓："除非太阳出来，否则我绝不吃饭。"

印度的气候就是这样，旱季时不会下一滴雨。可是一旦进入雨季，天空整日都被乌云笼罩着，几乎天天下雨。因此，甘地很担心母亲：在这种湿漉漉的雨季，谁知道太阳要到什么时候出现，母亲的身体能受得了吗？

甘地每天都期盼阳光出现，可是三天过去了，厚厚的云层仍笼罩着天空，没有丝毫出太阳的迹象。三天来，母亲信守誓言，除了喝水外，不曾吃下一口饭。到了第四天，好不容易有一缕阳光从乌云中射出来，甘地立刻跑进屋里，兴奋地叫道："妈妈！太阳出来了，您可以吃饭啦！"

为了证实甘地的话，母亲便亲自出来看，可是当她出来的时候，那捉摸不定的太阳又躲到云后面去了。甘地兄弟几个都很懊恼，埋怨那朵把阳光遮住的乌云，母亲虽然好几天都没吃饭，却一点也不沮丧，反而安慰他们说："不要难过，这都是神的旨意，神不许我今天吃饭，我们就听从神的安排吧。"说完了这些话，母亲又若无其事地走进屋里，继续做刚才的工作。

母亲不但信仰虔诚，性情也很温柔，更可贵的是她具有丰富的知识，对国内发生的事都很了解，这在当时是非常难得的，因此连宫廷里的贵夫人也很赏识她的才智。

进入学校

甘地的童年在故乡波尔班达度过，后进入当地的小学接受教育。甘地克服了很多困难才学会了乘法口诀。

甘地 7 岁那一年，不知为什么，他的父亲辞去了波尔班达王国首相的职位，改任拉奇科特王国的首相。因此，甘地一家便举家迁居到 120 英里外的拉奇科特。当然，甘地也转学了。

自从转学到拉奇科特以后，甘地就渐渐记事了，不过当时的甘地很害羞，每天准时到校，一放学就跑回家，不敢主动找别人谈话，所以朋友很少。

小学毕业后，甘地进入一所中学读书，但仍和小学时代一样，几乎没有什么可以称道的。不过，在中学一年级时，却发生了一件令甘地终生难忘的事情。当时的印度受英国统治，英国人害怕印度的学校对学生进行反英教育，便派齐尔斯督学到各地去视察。每当督学莅临一个学校时，便要举行考试，当然，这次也不例外，齐尔斯督学说："我要抽考你们班的英文。"

他当场念了五个单词要学生们写出来，其中四个甘地都写对了，但只有"茶壶"这个词甘地怎么也拼不出，正当他苦思冥想的时候，老师突然走到他后面，用脚尖碰了他一下，原来他要甘地偷看邻座同学的答案，可是甘地却没明白他的意思。事后甘地才知道，全班同学都作弊了，都得了 100 分，只有他的成绩最差。

老师很惋惜地说："甘地，你真是太老实了，这样会吃亏的。全班只有你没得满分，如果我们班上每个人都拿满分，一定会受到督学的夸奖，学校也会感到很光荣的。"

虽然老师这样说，可是甘地仍然不愿意这样做，他只想靠自己的努力得到高分，所以在上课时他都专心听讲，回到家里，在功课做完之前，绝不看其他的书。

可是，有一天，当父亲买了一本家喻户晓的《孝子斯罗梵纳》给甘地时，甘地却违背了原则，也顾不得功课有没有做完，因为这本书的内容深深地吸引了他，几乎使他废寝忘食。故事的主角斯罗梵纳是一个孝顺的青年，他的父母想要去圣地膜拜祈福，为了实现父母的心愿，他便不辞辛苦，一路背着他那失明的双亲去朝圣。不幸的是在途中，他被正在狩猎的达夏拉达王所误杀。

这个悲惨的故事深深拨动了甘地的心弦，使他百看不厌。正在这时，有一个巡回剧团在甘地的家乡公演《孝子斯罗梵纳》的故事。剧中有一幕是斯罗梵纳肩上扛着一个竹笼，驮着失明的父母到各地顶礼膜拜，这个场景留给甘地无法磨灭的印象，他在心里一再告诉自己："甘地呀，你要像斯罗梵纳一样，无论遭到多大的苦难，都要坚强地活下去。"

演《孝子斯罗梵纳》的剧团走后，又来了一个剧团演出《哈立斯昌德罗》的故事，征得父亲的同意后，甘地便去看了这出戏。哈立斯昌德罗是传说中的印度国王，为人宽厚正直。有一天，神为了试探哈立斯昌德罗是否真的宽厚正直，便变成一个恶魔，向国王提出许多难题，要他解决，恶魔还威胁他说："如果无法解答这些问题，我就把王后和王子杀死。"当恶魔提出各种问题时，国王哈立斯昌德罗始终镇定地思考，然后不慌不忙地把问题一一解决，他的机智和勇敢终于使恶魔知难而退，王后与王子的性命也得以保全。

这出戏甘地只看过几次，可是留给他的印象却非常深刻，每天晚上临睡前，甘地的脑海里都会浮现出哈立斯昌德罗的影像。他天天问自己："为什么世人不能像哈立斯昌德罗一样正直呢？"每次想到这里，甘地就非常难过。

甘地当时完全相信斯罗梵纳和哈立斯昌德罗的故事是真实的。成年后他才知道，斯罗梵纳和哈立斯昌德罗并不是真实的人，他们都是诗人所塑造出来的理想化的人物，虽然如此，他们依旧活在他的心中。

童婚

13岁那一年，也就是中学二年级时，甘地便在父母的安排下结婚了。

像甘地这样在13岁时就结婚的情形在印度并不少见。早在几百年前，印度就一直有童婚的习俗。

所谓"童婚"，顾名思义，就是在未成年时就结婚的意思。由于印度有严格的阶级制度，只有同阶级的人才能结

甘地和他的妻子

婚。有些人因为找不到适合的对象，只好终身不娶，过着孤单的生活。为了避免发生这种现象，每当生下男孩时，父母就要立刻让孩子同阶级的女孩订婚，到十二三岁时就赶快娶回来成亲。

甘地好像一共订过三次婚，虽然他自己不知道在什么时候举行过仪式。甘地第三次订婚是在7岁那年，这也是别人后来告诉过他，他才知道的。第三次所订婚的少女最后成了他的妻子。这位少女与甘地同龄，名字叫做嘉斯杜白，在结婚以前甘地就认识她了，可是，他没有想到她就是他的妻子。

有一天，13岁的甘地看到母亲指挥着仆人打点里里外外的事情，他知道他们家要办喜事了，所以便好奇地问："妈妈，谁要结婚？"

"孩子，是你要结婚啊！你爸爸说，你两位哥哥的婚礼也要同时举行。"

甘地的父母认为他们兄弟三人的婚礼同时举行，可以减少由这些令人头痛的繁文缛节所带来的麻烦，而且可以节省钱，因为就算弄得铺张一些，也总比三次分开办划算。他们兄弟三人的婚礼不是在拉奇科特，而是在故乡波尔班达举办，就这样兄弟三人从拉奇科特被送回波尔班达。在拉奇科特当首相的父亲由于公务繁忙，一直到婚礼快开始时，才从拉奇科特匆匆赶来。

从拉奇科特到波尔班达有120英里，坐普通马车少说也要走 5 天。可是因为甘地和哥哥们的婚期已近迫近了，因此父亲打算在 3 天内就赶到。但是他所乘的那辆马车走到第三个驿站时，车身忽然翻了，父亲也因此受了重伤。他担心婚礼受到影响，仍然按期赶回来。回到家里的时候，他浑身都包扎着纱布，可是婚礼还得举行。父亲只好强忍痛苦，尽量装得像没事一样，使婚礼得以顺利进行。

就这样，当时还什么都不懂的甘地就糊里糊涂地娶了嘉斯杜白为妻。甘地的两个哥哥也因为太年轻就结婚，结果断送了美好的前程。

甘地和两个哥哥都在公立学校读书，大哥的年级最高，二哥比他高一级。他们本来都是很爱学习的人，可是自从结婚后，他的大哥便不像从前那样用功了，成绩慢慢退步，最后连升级考试都没有通过，只好留了一级。二哥的情形更糟糕，他留了两次级，后来连毕业都没有熬到，便辍学了。

甘地的情形也不比两个哥哥好到哪里去。自从结婚后，他也不像从前那样用功了，所以在三年级的时候，他得留级。他觉得留级是件很丢脸的事，所以便央求老师让他升级，老师勉强同意了。

升入四年级后，甘地发现他们的课本大部分都是英文的，这令他觉得很吃力。

甘地想再回到三年级，但重回三年级要比留级更让他觉得丢脸，所以他只好打消这个念头，咬紧牙关拼命努力。

所学的科目里有一门古印度语，这个科目令甘地非常头痛。古代印度语就是用于印度教与佛教经典的梵语。这一门学科是四年级的新科目，直到六年级甘地都没有什么收获。当时教梵语的老师非常严格，更使他觉得索然无味。这时，他听说有一位教波斯语的老师，讲课诙谐风趣，很受学生欢迎，而且波斯语又比梵语容易学，所以有一天，甘地没去上梵语课，而直接到波斯语教室旁听。

这件事不知怎么竟被梵语老师知道了，他把甘地叫了过去，语重心长地对他说："我知道梵语很难学，但身为印度人，如果要研究本国的文化，就必须懂得梵文。学习过程中难免会遇到困难，但只要继续努力，一旦融会贯通起来，你自然能从中发现许多乐趣。不要泄气，好好把梵文学好。"

老师这番诚恳的劝告，使甘地感到非常惭愧，一向被认为是严肃刻板的老师，事实上却时刻都在为学生着想啊！同时，甘地也领悟到，之所以觉得梵语难学，是因为他从未在这方面下过工夫！

从此以后，甘地便不再上波斯语的课，重新回到梵语教室来。

这位对甘地影响极深的梵语老师，名叫潘第亚，直到现在，每当想起他时，甘地都会由衷地感激他的教诲。后来他能轻松地阅读印度教梵文经典，完全是潘第亚老师的恩赐。

刚开的几何课也很难，虽然老师很耐心地教他，他还是一窍不通。有时为了准备功课，甚至会紧张得睡不着觉，但是努力了一段时间后，甘地的成绩终于有了起色。有一天，在苦心研究欧几里得的第十三条定理时，他忽然一下子全明白了。他这才发现，学习几何跟爬山的原理是一样的，往上爬时非常困难，但只要越过山顶，剩下的就容易多了。

在学业上，由于受到很多良师的帮助，以及他自己的努力，虽然不至于像他的二哥那样半途而废，可是往更深一层来想，甘地还是觉得，过早结婚实在不是明智的决定。童婚这种传统习俗不知葬送了多少印度青年在科学、艺术等方面的才华。

吃肉的冒险

读中学的时候，甘地有一个很亲密的朋友。虽然他与这个朋友的友情维持了很久，不幸的是，这份友谊却是他人生中的一个悲剧，给他带来了终生遗憾。

这个同伴和甘地的哥哥是同班同学。甘地知道他的缺点，但仍把他当作一个忠实的朋友看待。甘地的母亲和大哥曾警告他说："莫罕达斯，你不要和他太亲近，他不是一个好孩子。"甘地的妻子也和母亲、大哥一样，劝他疏远这个朋友。只是，大家越是警告甘地，反而越激起甘地要和他亲近的决心，所以他辩解说："我知道他有很多缺点，可是他也有很多优点，只是你们没有看到。他不会把我带坏，因为我和他交朋友正是为了纠正他的缺点。如果他能改掉那些毛病，我相信他也能成为一个有作为的人。请你们不必为我担心。"

甘地这样说并不能令他们满意，但是他们接受了他的解释，从那之后便不再干涉他交朋友的事了。于是甘地就天天和这个朋友待在一起。

有一天，这个朋友突然问甘地："甘地，你听过这首歌吗？"不等甘地回答，他就随口哼出了歌词：

看，又强又壮的英国佬，
正在欺侮弱小的印度人。
为什么英国佬这么强壮？
因为他们天天都吃肉。

甘地听了觉得很奇怪，便问他："这是城里最近才流行的歌呀，是谁创作的？"

他反问甘地说："你觉得这首歌的歌词写得怎么样？"

被他这么一问，甘地愣住了，然后吞吞吐吐地说："我是印度教信徒，绝对不能吃肉。"

印度教认为牛是神圣的动物，不但不能杀，更不能虐待它。拉奇科特盛行耆那教，耆那教规定得更为严格，命令信徒遵守不杀生的戒律，不只是牛，凡是动物都不能杀害。因此，人们只能吃谷类、蔬菜、牛乳、羊乳等。甘地是虔诚的印度教徒，可他的朋友却很不以为然地说："你的想法太迂腐、太愚昧了！我们是一个孱弱的民族，就是因为我们不吃肉。英国人所以能够统治我们，就因为他们吃肉。"

甘地听了他说的话非常震惊，瞪着眼睛，半晌说不出话来。

他看到甘地这副模样，便笑着说："你不知道吗？学校的老师也在背地里吃肉、喝酒呢，城里的一些名人早就这么做了，甚至我们学校的学生也有吃肉的呢。不瞒你说，我就是其中之一，你看，我的身体很强壮，也跑得很快，这也是因为我是一个肉食者。你不妨试一试，看看效果怎样。"

他不断地在甘地面前谈起这件事，使他也开始动摇起来。的确，常年吃斋的印度人，体格上确实比英国人差很多。就拿甘地自己来说吧，他跑也跑不快，跳也跳不高。如果从今天开始吃肉，他以为自己也有可能会变得更高更壮。

正当他犹豫不决时，他的二哥也劝甘地吃肉。原来二哥早就破戒吃肉了，难怪他的身体这么强壮。

看，又强又壮的英国佬，

正在欺侮弱小的印度人。

……

甘地受了这一切的影响，终于屈服了。他的父母是虔诚的印度教徒，他们如果知道他违背戒律擅自吃肉，一定会非常伤心，所以这件事必须秘密进行。他们选择人迹罕至的河边，由朋友把烤熟的山羊肉用树叶包着拿来。他们还带了从面包店买来的面包。这两样东西都吃不出什么味道来，山羊肉粗糙得像牛皮一样，简直无法下咽。

那天晚上甘地很难过，做了一夜的噩梦。只要一闭上眼睛，就觉得好像有一只活山羊在他的肚子里苦苦地哀叫，吓得他全身冒冷汗。"啊！我吃了神所禁止的肉食。"这种深切的悔意，就像浓密的乌云一般在甘地心中翻腾着。

但是为了国家的前途，甘地再度振作精神，顾不得什么噩梦不噩梦，继续吃肉。他的朋友更是为他预备了许多荤菜，看起来真是色香味俱全。至于他们聚餐的地方，已经不再是河边的僻处了，而是在餐厅里。经过厨师的精心烹制，餐厅里的羊肉自然比在河边吃的美味多了。

时间一久，甘地原先对羊所具有的怜悯之心也消失了。他在这一年中虽然吃羊肉的次数并不多。因为到餐厅吃肉要花不少钱，而他的零用钱并不多。

每次吃过肉后，回到家里便不想再吃饭，不明就里的母亲总是担心地问："莫罕达斯，为什么不吃饭呢？你身体不舒服吗？"

甘地便胡乱扯个谎说："没什么，我只是消化不良，不想吃东西。"

他知道自己在撒谎，而且是在向母亲撒谎。因此每次要吃肉时，他心里就会觉得很难过，万一让父母知道这件事，他们会多伤心啊！

他实在受不了这种内心的煎熬，有一天，他对这位朋友说："从此以后我不再吃肉了。对父母撒谎比吃肉更可耻。"

下定决心后，不论谁劝他吃肉，他都不肯再吃。他的父母也一直不知道他的两个儿子一度成为肉食者。

令人羞愧的事

但除了吃肉之外，甘地还做错了两三件事。其中之一便是和叔叔的儿子同时染上了抽烟的毛病。事实上，甘地并不喜欢香烟的味道，他只是觉得吞云吐雾非常有趣，便想自己也尝试看看。

甘地的叔叔有这个嗜好，每次看见他抽烟，甘地便想学他的样子。可是他没有钱买烟，所以便把叔叔丢弃的烟头偷偷地捡起来抽。但烟蒂不是随时可以捡到，而且抽起来烟圈也不大，不能满足他的好奇心。因此，他便进入仆人的房间偷钱买烟，瞒着大人在暗地里吞云吐雾，非常好玩。

这样过了几个星期后，甘地听说有一种植物的梗，里面有许多小孔，可以当烟吸。于是他便立刻着手采集这种植物，把它晒干了抽，但这种东西的味道很苦，比买来的香烟差得多。

他虽然模仿大人抽烟，但摆在眼前的事实却令他无法忍受，他毕竟还是小孩子，必须躲着大人在背地里偷偷摸摸地抽，而且又身无分文，没有长辈的许可就不能做任何事。最后，他觉得非常厌烦，便决定去自杀！

但是怎样才能死去呢？他曾听人说过，曼陀罗的果实有剧毒，不论人或动物吃了都会马上死去。因此，他就到森林去寻找这种果实，很快就找到了。

果实虽然找到了，但是什么时间死去比较好呢？也许在傍晚时比较好吧！他决定在黄昏时前往曼迪尔寺祈祷，然后到寺院后面自杀。正当他拿起曼陀罗的果实准备放进嘴巴时，却犹豫起来了。他心想："如果吃下曼陀罗的果实并不立刻就死，反而要受挣扎痛苦的罪，那该怎么办？何况再过几年我就成年了，那么多年都过来了，就剩这几年就受不了吗？"

产生这种念头时，他已经吞下了两三粒果实，经过一番考虑后，甘地终于决定放弃自杀的念头，而吞下的果实也没有对他的身体造成损害。

从那之后，他便不再捡烟头，也不再偷仆人的钱买烟了，甚至连想抽烟的念头都没有。抽烟有损健康，为什么有些人会嗜烟如命呢？这一点甘地实在想不通。

在甘地 15 岁那年，他还做了一件很不光彩的事。他向二哥借了 25 卢比。为了还这笔钱，他偷偷拿了二哥的纯金手镯，削下一点金屑去卖，把卖得的钱用来还债。可是债务虽然还清了，他的心情却更沉重了，因为不论在他醒着或睡着，都有一个声音在他心里响起："啊，莫罕达斯，你又当了一次小偷。"因为受不了这种良心的谴责，甘地便到没人的地方大声咒骂自己，但他心里的痛苦并未消除一分一毫。

最后，甘地终于想到，如果不把这件事说出来，他的良心永远无法得到安宁。他准备一五一十地向父亲坦白，可是每次走到父亲面前时，却怎么也开不了口。

经过再三的考虑，他写了一封自白书给父亲，在信里他把犯过的错误全都说了出来，并在信末说："我向神发誓，从今以后，绝不再犯同样的错误，请父亲原谅我吧！"

这时，父亲正因旧病复发卧病在床，当甘地鼓足勇气把信交给他后，就坐在父亲床边，等待他老人家的责骂。

但事实并不如甘地所想，父亲看过信后，既没骂他，也没有惩罚他。甘地只看到父亲的眼泪簌簌而下，打湿了信纸，信上的字一个个变得模糊起来。接着，父亲闭眼沉思了一会儿，便把信撕了，这时，甘地也忍不住痛哭起来。

儿子干了这么多错事，父亲内心的失望和痛苦是可想而知的，可是，他却没有责备他一句。父亲用他慈祥的眼泪，涤净了他污浊的心灵。父亲的眼泪胜过千言万语的训诫，越发坚定他改过向善的决心。

记得印度教的圣歌里面，有一节这样的歌词："被爱的箭射过的人，才能领会爱的力量是多么伟大。"

父亲正是用爱的箭射入甘地的心坎，让他体会到"爱的力量是多么伟大"。甘地下定决心，一定要做一个堂堂正正的人，光明磊落地活下去。

青年时代

对宗教的认识

甘地生长在一个虔诚的信仰印度教的家庭，但是他却不喜欢到街上的寺院去膜拜，因为他不喜欢神庙里的灯火辉煌和喧哗热闹，而且寺庙里也有一些怪诞不经的僧侣，更令甘地觉得索然无味。

何况，他在寺院中所无法得到的东西，却可以从他的保姆那里得到。甘地现在还记得，她一直很疼爱他。她知道他一向胆小怕鬼，便对他说："莫罕达斯，你只要一直诵念'罗摩那摩'，一切邪恶的魔鬼听到这个名字，就会逃得无影无踪的。"

甘地对保姆的话深信不疑，每当他害怕得不停打哆嗦时，便立刻念诵"罗摩那摩"。正是因为这个善良的女人撒下了一粒种子，所以"罗摩那摩"对于甘地一直是一个行之有效的方子。

甘地有一位信仰虔诚的堂兄，当甘地还在波尔班达居住时，这位堂兄经常教他如何诵读《罗摩衍那》。每天洗过澡后，大家便围在一起朗诵这长而美妙的诗篇。当时，躺在病床上的父亲也静静地倾听他们的琅琅读诗声。

自从移居到拉奇科特后，耆那教僧侣偶尔也会到他家来探视他的父亲，与父亲谈论有关"宗教信仰"的问题。从他们的谈话中，甘地深切地体会到除了印度教之外，也应该尊重别人的宗教信仰。

虽然他主张尊重所有的宗教，但只有基督教是个例外。他对它怀有一种厌恶，这是有原因的。在他读中学时，有一天，一位基督教的传教士到拉奇科特来传教，他站在甘地学校门口对来往的人说："佛教、印度教、伊斯兰教等所信奉的神都是邪恶的神，在这个世界上，只有耶稣基督才是真正的神……"

他为了传播自己的教义而不择手段，任意诋毁其他宗教，使甘地非常反感，更可笑的是，听了传教士的话以后，竟有一些著名的印度教徒放弃了自己的信仰，改信基督教。最令人气恼的是一旦受洗以后，这些改变信仰的人，就得吃牛肉和饮酒，还得改换服装，以后出门就得穿上西服，戴上礼帽，以为这样就能和英国人完全平等了。更可气的是，这些人还反过来帮着英国佬欺压自己的同胞，毁谤自己的祖国和自己过去信奉的印度教。

甘地想，如果一种宗教强迫人吃肉、喝酒、易服，这还配称为宗教吗？因此他对基督教毫无好感。

他看过父亲的一本书，谈到上帝创造万物和其他诸如此类的事情。但是这本书给他的印象不深，反使他多少有些倾向于无神论。因为在他心中有一种根深蒂固的想法：一切行为、事物的基础，都应该建立在道德之上，以道德为中心，才是最重要、最可贵的信仰。

这种信念一直是他所追求的目标，而且，随着年龄渐长，这个想法也更强烈。

留学风波

中学毕业后，由于叔叔与哥哥的鼓励，甘地继续进入大学深造。这时父亲已经去世了。拉奇科特附近的八万纳伽和孟买都有大学，最后他选择了学费较低的八万纳伽的萨玛尔达斯学院。

学期一开始，甘地就遇到了一个难题：教授讲话的方言太重，他一句也不懂。虽然他们都是第一流的教授，学识渊博、教法新颖，但像甘地这种乡下来的学生却一句也听不懂。

糊里糊涂地过了一个学期，到放暑假时，甘地又回到拉奇科特来。

甘地家里有一个老朋友和顾问，名叫马福济·达维。碰巧有一次他到甘地家来拜访，便问起甘地在学校读书的情形。

"莫罕达斯也在萨玛尔达斯学院读书吗？那所大学相当不错哩！"他想了一想又说，"也许你们都希望莫罕达斯能继承父志，担任首相。可是时代不同了，即使他以优异的成绩毕业，也许只不过是中等收入的薪水阶层罢了。我的儿子柯华尔朗正在英国留学，你们为什么不把莫罕达斯也送出去读书呢？外国的学费和生活费固然是贵一些，可是如果能在英国大学的法律系毕业的话，将来做首相一定很有希望。"

接着，老人又很有自信问甘地："莫罕达斯，你想不想到英国留学？"

"当然想去啊！"甘地高兴得几乎跳起来了。那时他正因为萨玛尔达斯学院的功课烦恼，要是能去英国读书，就不用考虑这些令人烦恼的问题了。因此他便得意忘形地说："啊，我要到英国攻读医学，送我去，快点送我去吧。"

"不，莫罕达斯，父亲不希望你学医，记得父亲生前常说'印度教的教徒绝对不能做解剖身体的工作'，难道你忘记了吗？"

母亲也说："你父亲希望你将来成为律师。"

甘地听了这席话，便打消学医的念头，决心遵从父亲的遗训，攻读法律。

老人告辞后，母亲和大哥仍继续讨论这件事，大哥想的是怎么替甘地筹措旅费，母亲想的是甘地还未满 18 岁，却要只身前往异国，她实在不放心，因此，母亲说："我们家族内，目前只有叔叔年纪最长。你应该先听听他的意见。"

于是甘地就去见叔叔，把事情原原本本地告诉他。叔叔略作考虑之后说："我跟你父亲差不多一样大，我想我的时间也不多了。你们年轻人的事，我实在说不好。不过，我也认识几个留学英国的律师，他们到了国外后，就忘了自己的出身，完全以英国人自居，骄傲得不得了。对于这一点我非常生气。至于你去英国这件事，我也不反对，只要你母亲答应，那你就去吧。"

甘地把这番话转告给母亲后，母亲也不同意他到英国留学了。母亲不知道从哪里听到的谣言，说有个人去英国留学回来后，整个就变成了一个流氓，整日里就知道吃肉喝酒。母亲担心地对他说："我并非不想让你去留学，只是担心你年纪太小，经不住诱惑而变坏。"

要是母亲不答应，那么他留学英国的美梦就成为泡影了。于是他恳求母亲："妈妈！你相信我，我发誓绝不做令您蒙羞的事，请您答应让我去留学吧！"

"莫罕达斯，我当然相信你，可是你一个人去那么远的地方，万一发生了什么事，身边也没有人照顾，那可怎么办呢？要不我们去问问斯瓦密先生，看看他怎么说？"

斯瓦密先生也是甘地家的老朋友，他明白他们的来意后，便拍拍甘地的肩膀说："要想将来有所作为，的确应该到英国去深造，多见识一些。不过既然你母亲担心，你就应该在神前发誓，到英国后绝不吃肉喝酒。"

甘地听从斯瓦密的话，在神前立下誓言，母亲这才答应让他出国。

甘地把妻子和刚出生不久的孩子留在家里，辞别母亲和哥哥后，便高高兴兴地到孟买，准备在孟买搭乘开往英国的汽船。可是到达孟买后，有一位受家里人嘱托来照应甘地的朋友说，印度洋在六七月间风浪最大，要他等到 11 月再走。这个朋友还说，最近就有一艘轮船遇到暴风而沉没了。因此甘地只好把出国的日程延后，重新回到拉奇科特来。

当他回到拉奇科特时，正有一场很大的骚动在等待着他。前面已经说过，在印度的四大阶级中，甘地家是属于吠舍阶级。可是吠舍阶级的人正在召开会议，讨论怎样阻止他赴英留学。

他们发出通知，把甘地叫了去，拉奇科特当地的吠舍阶级长老对他说："我们一致反对你赴英留学。因为我们的宗教禁止航海远行。而且外国人的生活习惯和我们不同，到了那里，难免会入乡随俗，跟着他们喝酒吃肉，这是违反印度教戒律的行为，所以，你必须打消留学的念头。"

听了长老的话，甘地立刻提出辩解说："我并不认为到英国去是违背了我们的宗教。我到那里是为了求学深造。而且我已庄严地发过誓，绝不做违反戒律的事。我相信我能信守誓言。先父有个朋友，是个很有学问的婆罗门，他并不反对我去英国，而且我的家人也都准许我出国留学。"

不管甘地怎么解释或保证，阶级会议始终坚持不准他出国求学。但是甘地留学的决心却丝毫没有动摇。

长老看甘地不肯屈从会议的决定，便以阶级会议的名义宣布了一项命令：

"从今天起，莫罕达斯·甘地就不是本种姓的人了。谁要是帮助他或到码头去给他送行，就得缴纳一卢比四安那的罚款。"

当时，在阶级制度严明的印度，一个人一旦被所属的阶级放逐，后果是非常可怜的。可是甘地一点也不害怕。他的哥哥也很坚定，写信鼓励他说："不管长老的态度怎么样，你都要坚定意志，到英国去继续深造。"

等到这场风波平息以后，不知不觉已是9月了，这时，印度洋的风浪逐渐平静，正是航行的好季节。甘地收到汽船起航的通知，便动身前往孟买。在那里，大哥的朋友已把一切事情都安排妥当，并安排他和律师特立安巴克莱·马兹慕达先生同舱。

1887年9月4日，甘地搭乘的汽船乘风破浪地开往英国，那时，他还是一个不知天高地厚的18岁青年。

奔赴英国

在海上航行不到一个月，甘地终于抵达英国首都伦敦。他随身带了四封介绍信，分别给皮·捷·梅赫达博士，达巴特朗·苏克拉先生，兰吉特辛吉亲王和达达巴伊·瑙罗吉。在这些介绍信中，甘地选择了梅赫达博士，请他帮忙找房子和解决住宿的问题。

因为在出国以前，甘地曾经向母亲保证绝不吃肉，所以初到英国，吃的问题就开始困扰他了，他要到哪里寻找素食餐厅呢？甘地徘徊在伦敦街头，忽然望见不远处有一个招牌，上面写着"素食之家"，这使他喜出望外，没想到吃的问题这么容易就解决了。

他从孟买带来了些衣服，现在看来，穿着这些衣服走在英国大街上似乎不大适合，所以他就去买了一些新的衣服。他还花了19先令——这在当时是一个很高的价格——买了一顶礼帽，又到伦敦最时髦的大街花了10英镑定制了一套晚礼服，还叫善良的哥哥给他寄了一条双层的金表链，把旧领带换成新领带。在印度，镜子是一件奢侈品，只有家庭理发师来给他刮脸的时候，才有机会照一照。在这里甘地每天要花去10分钟的时间，站在一面大镜子面前，按正确的方法打领带和梳头发。

甘地花了钱，又花了不少时间，把自己打扮得像个绅士，但实际上他还不能算是绅士。他的朋友告诉他：一个真正的绅士必须会跳交际舞，具有雄辩的口才，并要精通法语。

法语是当时欧洲文化的共同语，所以甘地又开始学习法语，并花了三个礼拜的时间学跳舞。

在跳舞方面甘地是一点天分也没有，既不懂得配合音乐的节奏移动脚步，也不知怎样配合钢琴来扭动身体，所以尽管他花了很大的心思，还是学不出个样子来。

甘地认为他应当去学一学小提琴，所以又花了3英镑买了一把小提琴，还聘请了一位老师。为了学习雄辩术，他四处寻访老师，还预付了一个月的学费，由于老师指定要用培尔的《演说家典范》作为课本，所以他又花钱去买了一本。

总之，甘地花了不少钱，想要自己成为比英国人更强的绅士。但是，时间一天一天过去了，他却毫无收获，这到底是为什么呢？正当他感到疑惑的时候，他忽然醒悟过来，他又不打算在英国终老一生，一旦学业完成，当然要回国服务，既然要回印度，那么英国式的雄辩术对自己的国家又有什么帮助呢？不会跳交际舞就不算绅士吗？如果他的品行能使他成为一个绅士，那是再好不过了，不然，他就得放弃这种欲望。

想通之后，甘地便决心放弃这些形式主义的东西。

他先写信给讲授雄辩术的老师，说他不再学这门课了，请老师原谅。甘地也跟舞蹈老师说明了不再学跳舞的理由。

至于小提琴老师，甘地直接去拜访她，告诉她他不想再学小提琴了。他请她卖掉他那把还很新的小提琴。教授小提琴的老师了解他的心意，她鼓励他说："你的想法很好，你现在确实应该好好充实自己，以便回国服务。好好努力，千万不要气馁！"

学生生活

甘地快刀斩乱麻地解决掉这些问题之后，便开始宁静而充实的学生生活。他必须取得律师资格。

经过这一番折腾，他已经浪费了不少的金钱，今后只好省吃俭用了。这时，他已大致了解英国人的家庭状况和房租行情，便决定搬到更便宜的住处。他在距离学校 30 分钟路程的地方找到一个住处，每天步行上学，这样可以省下乘车的费用。在英国期间，他几乎没生过什么病，而且身体还相当强壮，大概就是得益于这种长时间步行的习惯。

自从改变生活方式以后，他的时间就显得充裕多了，可以认真地温习功课，成绩也进步了很多。只要律师考试及格，他就能取得律师资格了。他把过去考过的试题大概看了看，觉得并不难，只要努力准备，一定可以通过鉴定考试，那时不但可以取得律师资格，还可以获得一个学位。

为了准备考试，甘地便向牛津、剑桥两所大学索要了简章。看了简章后，他才发现，他留学的预定年限和准备费用都不符合规定。朋友看到他失望的样子，便劝他说："你还可以参加伦敦大学的鉴定考试。不过据说考试很难！"

听了朋友的话，甘地心中又升起一线希望。他又向伦敦大学索要了简章，然而课程表却吓住了他，因为拉丁语是必修课！他从未学过拉丁语，这该怎么办呢？

"你既然将来想做律师，就必须读罗马法，要读罗马法，不懂拉丁语是不行的，你应该立刻去学拉丁语。此外，学了拉丁语，要学英语就更容易了。"朋友劝他说。

听了朋友的劝告，甘地就开始学习拉丁语。除了拉丁语外，还必须懂法语。他真后悔在学舞蹈的那段时间没把法语学好。鉴定考试每6个月举行一次，因为他是中途插班进来的，上课的第五个月就要考试了。他虽然每天固定读拉丁语、法语几小时，但由于时间太仓促了，很难同时把这两种语言学好。结果是，他的法语虽然及格了，拉丁语却没有达到标准。

甘地虽然觉得很遗憾，但是并没有失去信心，通过之前的努力，他已大致了解学习拉丁语的方法了，只要再给他一点时间，下次考试一定能通过。而且，已经及格的法语成绩还可以保留到下一次。今后，他只要把全部精力集中到物理、化学上就好了。对这两科他非常有信心，因为这两科也是印度学校的必修课，之前他都学过，准备起来自然容易多了。

有一天，甘地在素食餐厅结识了一个朋友，这个朋友是出生在曼彻斯特的基督徒。在闲谈中，甘地便把以前看到的基督教传教士毁谤印度教的事说给他听。听完后，朋友无限感慨地说："基督徒中竟然有这种人，真是太可悲了。"

接着他又说："有很多基督徒喜欢吃肉喝酒，不过，我和你一样是素食主义者。并不是所有基督徒都会逼你喝酒吃肉的，你只要看看《圣经》就明白了。"说着，他便送给甘地一本《圣经》。

这是甘地第一次诵读基督教经典，觉得非常吃力，只勉强看完《旧约》中的《创世纪》，其余的便看不下去了。

然而《新约》却给人一种不同的印象，一字一句都充满谐和的美，尤其是《登山宝训》，简直写进了甘地的心坎里。甘地认为它可以和《纪达圣歌》媲美。里面说的"我告诉你们：不要与恶人作对。有人打你的右脸，连左脸也转过来由他打。如果有人想要拿你的内衣，连外衣也由他拿去，有人强逼你走一里路，你就同他走二里。有求你的，就给他。有向你借贷的，不可推辞。常言道：'当爱你的邻舍，恨你的仇敌。'但是我告诉你们，要爱你们的仇敌，并且为逼迫你们的人祷告……"

甘地以前读过的劝善歌中也曾出现过类似的意思，即"别人赐你一杯水，你应偿还他丰盛的菜肴……"经过这一番体悟，甘地便想把基督教的《登山宝训》和印度教的精神结合起来。

有一个朋友向甘地推荐卡莱尔的《英雄与英雄崇拜》，他读了《先知是英雄》那一章，从这本书里，他了解到了伊斯兰教创始人穆罕默德伟大、勇敢和严肃的生活。

虽然他还想多看一些书，但因为忙着准备律师考试，几乎没有时间看课外书籍了。不过，每次看书时，他都会专心思考，所以，虽然看的书不多，但是也有一些心得。

1891 年，也就是甘地留英的第四年，他通过了鉴定考试，取得律师资格。苦读有成，原该得意地庆祝一番，可是他却高兴不起来。从明天起，他就可以站在法庭上，履行作为律师的职责了。可是他能够担当这个责任吗？对此，他一点把握也没有。因此，他便对一个朋友说："我不知能否胜任律师的职务。"

"既然你这样拿不定主意，干吗不去请教腓特烈先生呢？"朋友回答说。

腓特烈先生是一个保守党员，一直非常关心印度学生，有很多学生都去请教他。于是甘地便写信给他，说明对他的仰慕，并希望能得到一次拜访的机会。甘地很快收到了回信，信中表示欢迎他去。当甘地到达他的住宅时，腓特烈先生很高兴地接待了他，并像对老朋友一样对甘地说："你只管放心吧，不要紧张。"

他爽朗地笑着，继续跟甘地说当律师所应具备的条件："当一个普通的律师并不需要特别的才能，只要正直、勤勉就可以胜任了。像费罗泽夏和巴德鲁丁这样的人毕竟是少数。如果你还不放心，那么我就来考考你，看看你到底有多少学问。"

虽然腓特烈所提出的问题甘地都一一回答了，可是他对自己还是不满意。腓特烈笑着说："甘地先生，我知道你的问题了。说实话，你的法律知识相当不错，但是你太缺乏常识了。从刚才的问话，我发现你连印度的历史都没读过。虽说历史与法律关系不大，但法律离不开人性，要探讨人性，就得熟读历史。"

回到祖国

回国的日子终于来临了。1891年6月12日，甘地搭乘"阿萨姆号"轮船回到了印度。哥哥亲自到码头来接他，一看到他便伤心地说："莫罕达斯，告诉你一个不幸的消息，你在英国的时候，母亲便去世了，我一直瞒着你，是不想你在异国经受这么严重的打击。其实这也是母亲的意思，她怕你知道后会无心读书，所以不让我告诉你……"

然而这个消息对于他来说仍然是一个沉重的打击。四年来，他无时无刻不在盼望能与母亲重逢。他一直希望学成后光耀门楣，让母亲高兴高兴，可是……

甘地当时并没有过多地表示他的悲痛，他甚至能够抑制住自己的眼泪，若无其事地照常生活。

半年后，他听从大哥的建议，在拉奇科特开设了"甘地律师事务所"。孟买有很多留英的律师，但在拉奇科特却很少，所以他开业以后生意很好，每月大约有 300 卢比的收入。

但开业不久，他就遇到一件影响他一生的事。

甘地的哥哥曾是波尔班达国王的秘书和顾问。虽然他为人忠厚、办事认真，却曾与驻印度的英国官员发生过不愉快的摩擦。当时的印度是英国的殖民地，一旦与英国派驻官员发生冲突，就会惹来很多麻烦，尝尽各种苦头。

甘地留学英国时认识这位英国派驻印度的官员，因此，哥哥便对他说："莫罕达斯，既然你与他交情不错，我想让你为我说几句话，消除我们之间的误会。"

"哥哥，我不想插手管这件事。假如错在你，就算我去替你说情也没用。如果错在他，那么你就可以控告他，让法庭来解决这件事。"

哥哥听了他的话很不高兴，不快地说："你还年轻，不了解社会的另一面。现在什么都靠人情。你是我的弟弟，替我说情是你的责任，你不应该逃避这个责任。"

甘地没有办法推脱，虽然他们兄弟对这件事的看法不同，但他还是勉强去访问了那位驻印官员。

当他和那位驻印官员见面时，才发现所谓的交情在印度是行不通的。同一个官员，在本国和在驻地简直判若两人。当然，这位朋友也不例外。

但是既然来了，甘地也只好硬着头皮说明来意，并请他看在旧日交情的份上，对哥哥的事从宽处理。不料，对方听了他的话后很不耐烦地说："你不必多费口舌为你哥哥说情，他是个阴谋家。我现在很忙，没有时间听你说，请你回去转告令兄，如果他还有话要说，不如到法院去说。"

甘地仍不死心，想再多说两句，这位官员却急躁地站起来，涨红了脸大声喊着："警卫呢？快叫警卫来！"

警卫走了进来，他不客气地指着甘地说："把这个人赶出去！"

两个警卫立刻上前抓住甘地的臂膀，不由分说地把他推到大门外，然后"砰"一声把门关了起来。

遭受这种屈辱，甘地感到无比愤怒，他立刻写了一封信给那位不讲理的驻印官员，大意是："你侮辱了我，一定要向我道歉，否则我就去告你。"

　　不久，警卫把回信送来，内容大略如下："是你对我不敬。我叫你走，你却不走。我没有办法，只好命令我的警卫送你出去。他叫你离开我的办公室，你还是不肯走。所以他不得不强行送你出去。所以我根本没有理由向你道歉，要告就尽管告吧！"

　　甘地把他的回信揣入衣袋里，垂头丧气地回到家里，把事情的经过告诉了哥哥。哥哥也很内疚，一时不知要怎样安慰他，沉默良久才说："我真咽不下这口气，既然他这么不讲理，那我们就去法院告他吧。"

　　控告欺压印度人的英国人，是前所未有的事，甘地不知道应该按怎样的程序办理，也没有把握获得胜诉。这时候碰巧费罗泽夏·梅赫达爵士为了处理一件案子从孟买来到拉奇科特，甘地准备向他求教。

　　梅赫达爵士是一个非常有声望和地位的人，他未必肯接见他，于是甘地就请一位与梅赫达先生交情不错的朋友代他转达。梅赫达先生的回答同样是无可奈何，他说："甘地先生所受的屈辱实在算不了什么，在英国的统治下，不但一般印度人受欺侮，就是我也经常受这种窝囊气。他才从英国回来，血气方刚，还不了解现在的世道。如果他想挣一点钱，在这里过平安日子，让他把那封信撕掉，忘了这件事吧。他要控告这位老爷，是不会有什么好处的，只会毁了自己。"

　　甘地仔细玩味了梅赫达先生所说的话，发现的确很有道理，何必自讨苦吃呢？所以便放弃了控诉的念头。

南非的生活

南非之行

身为印度人，遭受英国人这样的侮辱，却连一句抗议的话都不能说，实在太不公平了。这件事成为改变甘地人生方向的转折点。

他是律师，在业务上难免要与驻印官员接触，所以必须与他们保持良好的关系。如果他想继续在拉奇科特执业的话，就必须咽下这口气，向那位官员道歉。他的朋友也劝甘地顾全大局，去向那位驻印官员道歉。可是错不在他，他实在是不甘心。就在他犹豫不决时，驻印官员却先一步利用职权，处处刁难他，在工作上找他的麻烦，每办一件事都要遭受百般刁难，虽然律师事务所还开着，实际上跟关门歇业没什么两样。

懊恼之余，甘地便想离开拉奇科特，到另一个地方去重新开业。事有凑巧，恰好有一个难得的机会来临，成全了他的愿望。

有一天，大哥愉悦地对他说："莫罕达斯，你想不想去南非？"

说着，大哥便交给他一封信，信是南非的阿布多拉公司写来的，他们在南非有一件重大的案子，这件案子已经进行了很长时间。他们想请一位有能力的印度律师到南非去解决这个问题。

甘地也想离开这令人气恼的拉奇科特，因此就一口答应了下来。大哥立刻把他介绍给这家阿布多拉公司一个叫亚布德勒的人，亚布德勒对甘地说："工作很简单，你只管放心，我们是以顾问的名义聘请你，一切吃住等生活费用都由本公司负责。"

"你要我替你们服务多久？"甘地问道，"报酬是多少？"

"不会超过一年，薪水是105英镑。另外还负担往返船票，并安排你住头等舱。"

这不像是给律师的一种待遇，倒像是给商店店员的报酬。可是甘地一点也不计较，因为他急于离开拉奇科特，也想到新国度里学习一些新经验。而且公司负担一切生活费用，他就可以把全部薪水寄回家了。于是他欣然接受了这个建议，准备动身到南非去。

船在广大无垠的印度洋一路向西南航行，两个礼拜之后终于抵达南非纳塔耳的杜尔班港。大哥托朋友的弟弟谢多先生到港口来接甘地。

杜尔班港很热闹，人群熙来攘往。不过，很显然，这片土地上的印度人似乎备受歧视，那些认识谢多的人对他都有一种歧视的神情，这使甘地很难受，可是谢多却已经习惯了。

不过，比起之后在南非所遭受的种族歧视而言，这个令人不愉快的第一印象实在是微不足道。

南非位于非洲大陆的最南端，为什么这里会有这么多印度人呢？从直线距离来看，印度和南非离得并不太远。在十六七世纪时，当航行到非洲南端的新航路开辟后，荷兰人便最先在这里建立了殖民地。后来，荷兰人与当地土著通婚，所生的混血儿便是荷兰系的布尔人，布尔人和当地人彼此一直和睦相处。

可是不久，南非地区发现了金矿和钻石矿，这一发现立刻引起了英国人的注意。于是英国人便挑拨土著与布尔人互相争战。经过这场混战之后，土著的力量已大为削弱，劳动力严重缺乏。英国人乘虚而入，把南非占为自己的殖民地。为了开发矿藏，从 1860 年开始，英国政府引进大量的印度工人去南非工作。甘地到南非的时候，南非已经有 20 万印度人了。

谢多告诉他："与阿布多拉公司打官司的那一方并不在纳塔耳，而是在德兰士瓦，你必须尽快到德兰士瓦的首都比勒陀利亚去。"

在出发前几天，甘地先请谢多带他到当地法院看看，了解一下南非法院的情形。

经过一番周折，甘地终于法庭的旁听席坐了下来。正当他抬头打量法庭的布置情形时，法官却走到他的面前，粗鲁地对他说："喂！把你的头巾摘掉。"

在印度，不论什么场合都必须戴着头巾。这个法官要他拿掉头巾，这对他而言，实在是一个很大的侮辱。经过几番争执，甘地索性离开了法庭。这时，跟在他后面出来的谢多说："在南非的印度人，大多是穷苦的工人，经常会受到英国人与布尔人的歧视和侮辱。"

想到往后还会遇到这样的事情，甘地便气愤地说："算了，我还是摘掉头巾，改戴英国丝帽得了！"

不料谢多却坚决反对："甘地先生，如果你这样做，那就失去印度人的精神了。其实你戴头巾很好看，如果把头巾换成丝帽，说不定会被人误认为餐厅的跑堂呢！"

甘地明白谢多的意思。谢多坚持要他戴头巾，却完全是出于真诚的爱国情操。甘地决定不理会外人的侮辱和嘲笑，继续戴头巾。

为了这件事，甘地曾在杜尔班的报纸上投书控诉，说明印度人按照印度习俗戴头巾是理所当然的事，没有人可以用任何职权叫他摘下头巾。这条新闻发表后，在报纸上引起了很多争议，有人支持他，也有人严厉地批评他。他也被描写成为一个"不受欢迎的来客"。

一星期后，在比勒陀利亚的阿布多拉公司代理人通知他："诉讼手续已经办妥，请速来相商。"

于是，甘地买了一张头等火车票，心里盘算着从杜尔班到德兰士瓦的比勒陀利亚约有 700 公里，坐火车再换马车，大约 4 天就可以抵达了。

遭遇歧视

晚上 9 点，火车抵达纳塔耳的省城马利兹堡。一个乘务员来问甘地要不要卧铺，他说："不要，我自己有铺盖。"

不久，又来了一位白人乘客，他把甘地从头到脚打量一番，便马上走开了。

甘地正准备好好睡一觉，那个白人突然又走了进来，身后还跟着两三个乘务员。乘务员一言不发地走到甘地身边说："跟我来，你必须到货车车厢里去。"

"可是我买的是头等车票呀。"甘地说。

"什么车票都没用，告诉你，印度人只配坐货车。"乘务员面无表情地说。

"我在杜尔班上车时已被允许坐头等车厢，因此，我有权利坐到终点站。"

"少在这里啰嗦了，快滚到货车车厢去，不然我就叫警察把你撵出去！"

"那你去叫吧，反正我绝不到货车车厢里去。"

结果，他们拿甘地没办法，果真把警察叫来了。那个警察一看到他坐在头等车厢里，便不由分说要把他撵到满载货物、牛、猪等的货车车厢上，甘地宁死也不去，警察便把他拖到月台上，并把他的行李都抛出窗外。

不久，开车的时间到了，火车喷出一串黑烟扬长而去。甘地只好拿起行李，慢慢地走进候车室。

当时正是冬天，在南非，冬天是非常寒冷的。马利兹堡海拔很高，冷得特别厉害，加上又是夜里，候车室内既没生火，也没有电灯，甘地一个人孤零零地在黑暗中发抖，脑海里思考着很多事：

——买了头等车票就有坐头等车厢的权利，现在该怎么办？是应该坚持下去，力争到底？或者就此罢休，回印度算了！

——回印度就能解决问题吗？不！我遭受的这些并不是我个人的问题，而是所有在南非的印度人，以及英国统治下的所有印度人共同的耻辱和痛苦。即使回印度去，种族歧视也依然存在。如果可能的话，我应当设法把这病根拔除，哪怕是为此付出代价也在所不惜。

想通了以后，甘地决定继续前往比勒陀利亚。度过了漫漫长夜后，天一亮，他立刻打电报给杜尔班的铁路局局长和谢多，说明了这段不公平的遭遇。谢多很快回电给他，告诉他他已经向铁路局局长提出抗议，不过局长说乘务员这样做也是迫不得已，因为他们不能拒绝白人乘客的要求。不过，铁路局局长已给马利兹堡的站长下了命令，让他不受干扰地继续旅行。同时，谢多还打电报给马利兹堡的朋友，请他们到站上来照料甘地。

当谢多的朋友到车站时，甘地便把他的遭遇告诉了他们，他们解释说，他所碰到的事情并不罕见。他们还说，印度人出门如果坐头等或二等火车，就得准备遭受铁路官员和白种人旅客的白眼。

到了晚上，与昨天同一时刻的列车又来了。谢多已为甘地预先订好头等座位，同时还付了卧铺的车费，甘地终于顺利地搭上了这班列车。

第二天早晨，火车抵达查尔斯敦，那时候查尔斯敦与约翰内斯堡之间还没有通铁路，乘客必须在此换乘马车。甘地走到马车的停车场旁，拿出前往比勒陀利亚的头等车票，那个领班的马车管理员是个白种人，他认为甘地和白种人乘客坐在一起是不恰当的，便冷冷地说："这张车票无效。"接着，他又指着驾驶座旁的自己座位说："你不能坐在客车车厢，就在驾驶座旁边坐下吧。"

这对已经付过钱的甘地来说，实在是个很大的侮辱。他本想据理力争，可是如果他提出抗议，这辆马车就会把他丢在一旁。这样便得再延误一天，天知道第二天又会发生什么事。所以尽管他心里非常愤怒，却还是不声不响地在车夫旁边坐下了。然后，这个蛮横的领班便大模大样地进入客车厢，得意扬扬地坐在原本是甘地的位子上。

大约在下午 3 点钟的时候，马车到了巴德科夫。这时领班大概是想到外面呼吸新鲜空气、抽抽烟，于是他从车夫那里拿了一块肮脏的抹布铺在脚踏板上，然后指着脚踏板恶声恶气地对甘地说："喂！印度人，你的位子让我坐，你坐到这里来。"

这种侮辱未免过分了，甘地实在无法忍受。因此，他理直气壮地说："我本来有坐在客车厢里的权利，但却被你赶到驾驶座来，这个无理的要求我已默默忍受了，可是你却要我蹲在你的脚边，不觉得太过分了吗？这种侮辱我受不了，不过我倒可以坐到里面去。"说着，甘地便起身走向客车厢。

甘地话刚说完，那个人便走过来使劲地给了他几个耳光。他抓住他的胳臂，想要把他拉下车。甘地则紧紧地抓住驾驶座旁边的栏杆，死也不肯松手。

虽然有很多乘客围观，但这个人一点也不介意，仍然又骂又打。有两三个白人乘客似乎觉得很过意不去，便嚷道："别打了，这位印度人说得也有道理，你就让他进来和我们一起坐吧！"后来，也许是他打得疲倦了，也许是自己觉得不好意思了，他便放开了甘地的胳臂，骂了几句，然后命令坐在驾驶座另一边的仆人下来，把位子让给甘地坐。

等乘客们坐定、吹过哨子以后，马车又赶下一程了。那个马车长还意犹未尽地挥着拳头说："混账！印度鬼，等我到了史丹德顿，你再看看我的厉害。"

甘地坐在那里一声不响，只默默地向神祈祷，请神赐给他平安。

天黑以后，他们赶到了史丹德顿。那时已有五六个印度朋友在等着他了。他们是接到谢多的电报而特地来接他的，还为他安排了住宿问题。甘地把路上的遭遇都告诉了他们。他们听了很难过，也向甘地讲述了他们遇到的相似的经历。

在史丹德顿过了一夜，马车的旅程大约还需一天。为了避免再受这种非人的待遇，甘地便找到马车公司的代理人，陈述了他在路上遭遇的一切，并请他主持公道。负责人回答说："明天的车厢较大，马车长也换了人，这样的事绝对不会再发生，请你放心。"

第二天早上，印度友人送甘地上了马车，也没有发生与昨天类似的情形。当天晚上，他顺利抵达约翰内斯堡。

在史丹德顿时，谢多曾打电报给甘地，说到了约翰内斯堡，有一个名叫雅尼的客户会在那里迎接他，他把雅尼商店的地址给了他。甘地原以为到了车站就可见到雅尼，可是他们彼此素不相识，而且约翰内斯堡又那么大，所以他们没有马上见到面。

甘地租了一辆马车，叫车夫送他到国际饭店。到达饭店时，他请旅馆经理给他一个房间。旅馆经理看了他一眼，客气地说："很对不起，客满了。"

甘地只好又叫了一部马车，去了雅尼的商店。雅尼正在店里等他，甘地跟他讲了在旅馆的经历，雅尼却哈哈大笑地说："你以为饭店会把印度人当客人看待吗？"

"为什么不会呢？饭店不就是让人住宿的地方吗？"

"你只要在这里待上四五天，就可以知道印度人要在南非立足多么困难！至于我们，为了能赚更多的钱，只好忍受这些压迫和侮辱。我们这种人才能够在这种地方住下来。"

雅尼便把印度人在南非吃到的苦头讲给甘地听，讲完后他说："这种地方是不适合你这样的知识分子居住的。你明天起程前往比勒陀利亚时，千万不可乘坐头等或二等车，印度人在南非只能坐三等车，我们也压根买不到头等和二等的车票。"

"你们就没有提出过抗议吗？"

"当然抗议过，可是没有用。即使侥幸能坐上头等、二等车，在车上也一定会受到白人和列车员的侮辱，我们宁可不受这个窝囊气。"

雅尼的话使甘地很愤慨，为了向这种不公平的措施挑战，他找了一份铁路乘车规则，发现上面并没有这种差别待遇的规定，因此，他便信心十足地对雅尼说："我明天要搭乘头等车。如果买不到票，我宁肯租一辆马车到比勒陀利亚去。"

甘地立刻写信给约翰内斯堡车站的站长，向他表明他是印度籍律师，要赶到比勒陀利亚办事，因为一向习惯坐头等车，当然这次也不能例外，他请求把车票卖给他。

出发的时候，甘地穿着大礼服，戴着领带，除了头巾之外，其余打扮全是英式的。当他乘马车抵达火车站时，便到售票口去买票。他拿出一个英镑的车票钱放在柜台上，告诉售票员他要买一张往比勒陀利亚的头等车票。

这时，从票房内马上走出一个白人站长，和气地说："写信给我的人就是你吧？"

"是的。你要是给我一张车票，我将不胜感激。我今天必须赶到比勒陀利亚去。"

站长笑着说："我不是英国人，是荷兰人。看了你的来信，我十分了解你的心情和处境，我很愿意给你一张车票，但是有一个条件：如果列车员让你到三等车厢里去，你不要把我牵连进去，因为我也是英国人雇的职员。这是头等车票，你拿去吧。我知道你是一个绅士，祝你一路平安。"

甘地接过车票，一面向他致谢，一面保证不论遇到任何情况，绝不提起他卖票给他的事。

雅尼也来车站送他，看到这种情形，雅尼又惊又喜，但也忧心忡忡地说："只要你能平安到达比勒陀利亚，就谢天谢地了。但愿列车长和白人乘客不会找你的麻烦。"

甘地告别了雅尼，坐上头等车厢后不久，火车便开动了。当他抵达日耳米斯顿时，列车长来查票了，他看到甘地坐在那里非常生气，便用手指着三等车厢，示意甘地滚到那边去。

甘地把车票拿给他看，他全然不理会，只说："我不管你买的是什么票，现在，你必须乖乖滚到三等车厢去。"

车厢里只有一个英国乘客，他为甘地打抱不平地说："你这样麻烦这位先生是什么意思？难道你没有看见他有一张头等车票吗？他和我坐在一起，我一点也不在意。"然后他又转头对甘地说："你就坐在这里，不必害怕。"

列车长听了很不高兴，用带着嘲讽的口吻说道："既然你愿意和一个苦力同车旅行，那就请便吧。"说完后便头也不回地走了。

甘地很感激这个人，在他困窘的时候，肯挺身为他解围。以前他也接触过不少白人，可是像他这样的绅士却难得一见。

火车在晚上8点钟抵达比勒陀利亚。甘地原以为阿布多拉公司会派人来接他，但到站后却不见任何人来。后来他才了解，因为他是星期天到的，他们要派人来一定很不方便。

甘地觉得为难起来，不知道要去哪里才好，因为他害怕没有旅馆肯收留他。最后迫不得已，他便询问售票员，这附近有没有可以住宿的旅馆。售票员看了他一眼，便转过脸去不再理他了。这时，站在旁边的一个美国人看到这种情形，便走过来对他说："你大概是第一次到这里吧？如果你不介意，我可以带你到一家小旅馆去，老板是一个美国人，我跟他很熟，我想他会收留你的。"

甘地不知道这人是否可靠，但他也没有别的选择，只好跟着他走。他带甘地到了一个家庭旅馆。经理看到甘地，立刻答应让他投宿，不过他有些为难地说："非常抱歉，我想提一个要求，就是请你在自己的房间吃饭，不要到餐厅去。你不要误会，我们美国人没有种族歧视，但我这里都是欧洲客人，如果你在餐厅吃饭，恐怕他们会不高兴。这一点，请你谅解。"

"你肯帮忙，我已非常感激了。我已经多少知道这里的情况了，也了解你的难处，你不用担心，我可以在自己房间里吃饭。"

于是，甘地就在房里一边吃饭一边思考许多事情。过了一会，突然有人敲门，他打开门一看，发现是经理先生，他愉快地对他说："让你在这里吃饭，我实在是觉得过意不去。刚才我在餐厅跟其他客人提起你，结果大家都欢迎你到餐厅去用餐，而且，如果不介意的话，你在这里住多久都可以。现在就请你到餐厅好好吃顿饭吧。"

甘地再一次向他道谢。想不到白人里面也有很多心地善良的人，这样一想，他的心情顿时明朗起来。

第二天早上，甘地去拜访阿布多拉公司的英籍律师贝加先生。谢多曾经向甘地提过贝加的为人，而贝加也在谢多那里大致了解了甘地的情形，所以贝加看到他就坦率地说："我除了当律师之外，也从事传教工作，没有种族的偏见，你不要有顾忌。"

寒暄过后，贝加跟甘地说起有关阿布多拉公司讼案的问题："这件事很复杂，要从长计议，才能妥善解决，千万急不得。目前最重要的就是解决你的住宿问题。这里有一种可怕的种族偏见，所以为你找住处是不容易的。不过我认识一个零售商，我想他们会收留你，走吧，我们到那里去看看。"

于是，他就带甘地去看了看，甘地觉得还不错，而且那家人也愿意收留他，加上食宿，一周35先令。

住宿安排好以后，甘地便立刻着手调查有关诉讼的事，问题果然很复杂，必须花费很长的时间调查详情，才能顺利解决。

在这段时间，甘地又想起在南非的种种遭遇和印度人的地位。他觉得他必须为他的同胞做一些事情。于是，甘地去拜访了一位叫做姆哈马德的人，他是谢多的朋友，在比勒陀利亚势力很大，这个地区的印度人遇到问题，都会来向他求助。

拜访姆哈马德时，甘地告诉他想借他的力量与更多的印度人接触，他很高兴地答应了，过了不久，他就筹备了一次大集会。

甘地在这次集会上的演说，可以说是他生平第一次对公众的讲话。因为来的大部分都是商人，所以他演讲的主题就是商业上的诚实。

各位乡亲，我们都知道住在南非的印度人经常遭受白人的歧视，要想改善这种不公平的待遇，必须从我们本身开始做起，在此，我有三个建议提供给大家参考。第一，我们每个人都必须秉持诚实的态度，在外国诚实格外重要，因为少数几个印度人的行为乃是我们亿万同胞的品行的准绳；第二，印度人的生活习惯和英国人比起来是不卫生的，大家应该力求改进；第三，我们不能一直逆来顺受，对种种屈辱保持缄默，应该把我们的痛苦向德兰士瓦政府申诉，请求他们解决。

在演讲之前，甘地已作过充分的准备，所以效果还不错，与会者都赞成他的建议，决定以后每个礼拜集会一次。过了几周，甘地对比勒陀利亚地区印度人的生活情形也有了更深的了解。

在推行这项工作时，甘地认识了英国总督府的代理官贾科布斯·戴·韦特先生。他很同情印度人的处境，但他自己没有什么权力。不过他答应尽力帮助他们。

接下来，甘地又给铁路局写了一封抗议信，内容大致是说印度人在乘车时遭遇的种种歧视，是不人道而且不合理的。

他很快收到了回信，信中避重就轻地说只要服装整齐，任何人都有权利购买头等或二等车票。

事实上，这封信并不能解决问题。所谓的"整齐的服装"也全由站长的喜好来决定。假如他以欧式服装为标准，那么，印度人即使穿上整齐的印度服装，也无法买到头等或二等的车票。

虽然甘地到比勒陀利亚的时间还很短，但是已对当地印度人的状况有了很深的了解。他发现印度人所受的差别待遇，并不全是白种人与土著所给予的歧视所引起的。

1885年，德兰士瓦通过了一个非常严酷的法律，根据这个修订过的法律，所有的印度人到德兰士瓦都得缴纳3英镑的人头税。此外，不准印度人在德兰士瓦置产，除了住处外，不得再租借其他土地。而且他们也没有选举权，不许走人行道，甚至规定晚上9点以后，没有警察的许可，不能到外面游逛。

不能走在人行道上，晚上 9 点后又不能外出，这对甘地来说很不方便，因为他常常在夜间和阿布多拉公司的顾问柯慈先生外出散步，他们很少在 10 点以前回家。甘地对这项规定毫不在意，仍是我行我素地来来去去。柯慈先生却很为他担心，并带他去见了当地的检察长克劳斯博士，请求他保障他的安全。克劳斯博士是甘地留英时的校友，对他的处境非常同情，他没有给他发通行证，但他写了一张"准予整天外出，不受警察干扰"的字条给他，这样一来，甘地就可随时出去办事了。

虽然有克劳斯博士所写的字条作为护身符，但是有一天，还是发生了意外。

那天，甘地走在德兰士瓦总督官邸前的人行道上，突然来了一名警察，一声不响地扑向他，连踢带推地将他赶到街上去。这使他惊慌失措，正准备爬起来找这个警察理论时，正好柯慈先生骑马经过这里，他难过地对甘地说："你受到这样粗暴的殴打，我觉得非常遗憾。如果你要去法院里去控告这个人，我很乐意当你的见证人。"

甘地一面拍身上的灰尘，一面回答："你不必难过，这个可怜的人知道什么呢，我不会告他的。"

"你太仁慈了！我认为你应该提出控诉，像这种人，我们就应该给他点教训才行。"

柯慈见甘地坚决表示不准备提出控诉，于是走到警察身旁，彼此交谈了一阵，因为警察是布尔人，他们讲的是荷兰话，谈些什么甘地听不懂。他们讲完后，警察马上走过来向甘地道歉。事实上，即使他不道歉，他也会原谅他。

不过，从此以后，甘地便不再走这条路了，因为官邸前的站岗警察经常轮换，就算这个警察不会对他无礼，但换了另一个警察，就难保不会发生类似的事情了。

发生这件事后，甘地对移居南非的印度人更加同情了。如果从事律师这种高级职业的人还得到这样的待遇，更别说那些从事卑微职业的普通人了。

然而当时他的主要任务还是关于阿布多拉公司的案子。

他对这个案子很有兴趣，并把全副精力都投了进去。他看了关于这个案件的所有文件，发现事实是有利于阿布多拉公司的。但是他也知道，如果官司继续打下去，对双方都没有好处。律师费急速地增长，当事人虽然都是有钱人，也经受不了这么庞大的支出。甘地向公司的股东阿布多拉提议，如果能找到一个双方可以信任的仲裁人，请他出来仲裁，这件案子就可以迅速获得解决。最终，甘地费了九牛二虎之力，使双方达成和解。

通过这件事，甘地懂得了律师的真正职责是使有嫌隙的双方言归于好。他一直铭记着这个教训，所以在他做律师的 20 年间，大部分时间都花在促使案件的双方私下妥协解决问题。他这样做毫无损失，甚至他的收入也没有受到影响。

纳塔耳的印度人大会

集会中的甘地

这件案子既已了结，他便没有理由再在比勒陀利亚住下去了。于是他就赶回杜尔班，并开始作回国的准备。阿布多拉在西登罕为他举行了饯别宴会。

在宴会上闲来无事，甘地就随便翻了翻报纸，偶然看到报纸上有一段题为"印度人的选举权"的新闻，谈到当时立法议会正在讨论的法案，企图剥夺印度人选举纳塔耳立法议会议员的权利。

他就要回国了，因此他只是简单地说："万一这个议案通过了，就会变成法律上的正式条文，到时候，我们同胞的生活就更加痛苦了。"

经他这么一说，有一位同胞便焦急地问："现在应该怎么办呢，甘地先生？"

其他的人也跟着喧哗起来，并异口同声地说："甘地先生，你就退掉船票，在这里多住一个月吧，只要有你领导，我们一定可以齐心协力发动抗议的。"

看到同胞目前的困境，甘地实在不忍心离开他们独自回国，因此，他决定把归期延后一个月，以便积极筹划发动抗议运动。

他们所做的第一件事情就是发一个电报给议会的议长，要求他延期对这个法案作进一步的讨论。同样的电报还发给当时的总理约翰·鲁宾孙爵士。议长很快便来了答复，答应将这个法案推迟两天讨论。

接着，甘地又发动纳塔耳所有的印度人，要大家签署陈情书呈送议会。可是印度人分散在各地，要得到他们的全部签名确实不容易。因此，甘地就派人到距离杜尔班很远的乡间展开签名运动，向那些不关心政治的人说明利害，同时教那些不识字的人也签上名字。

一万人的签署很快就完成了，甘地把这份陈情书呈上议会，同时还印了一千份，准备到各地分发。他们还通过新闻传播发布这个消息，好让印度本土的同胞也了解这件事。

印度发行量最大的报纸《印度时报》，以"纳塔耳的印度人问题"为题，作了详尽的报道。此外，英国人经营的报纸也刊登了这个消息，著名的《伦敦时报》还公开表示支持甘地的立场。《伦敦时报》的评论一直被视为世界性的舆论代表，得到了他们的支持，甘地相信在强大的舆论压力下，这个议案一定会遭到否决。

一个月很快就过去了，可事情还没解决。许多人对他说："甘地先生，现在我们全靠你了，请你留下来吧。"

看到他们一片赤诚，他怎么忍心就此抛下他们不管呢？因此，他把回国的日期又往后推了推，想等这个运动结束后回去。

虽然呈给纳塔耳大会的陈情书没有收到预期的效果，但却间接地对英国殖民地政策发生了影响。

为了使这个运动能够持续下去，1894 年 5 月 1 日，他们在杜尔班设立了一个常设机构，称为"纳塔耳印度人大会"。参加印度人大会者，都是打算长期住在纳塔耳的人，其中大部分是知识分子。至于和主人订有契约的劳工，则没有一人参加。

印度人大会成立的那年，不知是 8 月还是 9 月的某一天，有一个印度工人跑到甘地的办公室来，央求甘地救救他。

这个人衣衫褴褛，手里拿着毛巾，两个门牙被打掉了，鲜血正从嘴里流出来。他告诉甘地他叫巴拉森，因为不小心犯了一点过错，遭受了主人的毒打。

甘地把他送到一个医生那里——那时还只能找到白种人医生。甘地要医生开一张证明，说明巴拉森受伤的性质。拿到证明以后，他便带着受伤的人直接去找治安检察官，并递交了他的起诉书。

检察官读完起诉书，非常愤怒，立即发出传票传讯雇主。甘地并不想惩罚这位雇主，只希望巴拉森不必等到契约期满，就能脱离这位蛮横的主人，而恢复自由之身，因此，他查看了有关契约劳工的法律，结果发现法律文中规定：在契约期限中的劳工，只要稍微懈怠，就可以被随意拘禁。他们哪里把印度人当人看待？简直像对待奴隶一样！

甘地对巴拉森的雇主说："我以巴拉森法律代理人的身份和你谈判，你把他打成这个样子，使他无法继续工作，你应该知道你要为此付出什么代价。不过，如果你同意取消契约，恢复他的自由，我就不提出控告，你觉得怎么样？"

这位雇主似乎很怕卷入诉讼案件，立刻接受了他的要求。就在这时，恰好有一个工作机会，巴拉森的生活也有了着落，这个纠纷就这样解决了。

这个案子本身没有什么新奇之处，但却给所有的印度工人莫大的鼓舞，他们心中都产生了一种信念——只要自己做得正，就不怕雇主的欺压，因为会有人为他们伸张正义。因此，开始有很多契约工人加入印度人会议，使这个组织逐渐扩大，而各种活动也陆续展开了。

然而就在这一年，也就是1894年，纳塔耳政府又提出了"25英镑税法案"，议案的内容是：

一、印度劳工于契约期满时，必须立刻返回印度。

二、如果契约期限已满而不肯回国，必须每隔两年签订一次新契约。

三、既不回印度，也不签订新契约，而打算继续住在纳塔耳的印度人，每年必须缴纳 25 英镑的税金。

这个议案使甘地非常震惊！想想看，印度劳工每月平均工资只有 14 先令，一年下来也只不过 8 英镑而已，再怎么积攒也交不出这个数目呀。

为了反对这种捐税，他们组织了一次激烈的斗争。

可是，他们的努力成了泡影，议案还是通过了。"25 英镑税法案"送达印度政府当局。当时的印度总督是叶尔金勋爵，他不赞成征收 25 英镑的税，但同意收 3 英镑的人头税。

事实上，从 25 英镑减到 3 英镑，表面上看起来似乎少了很多。可是这里所谓的"3 英镑"并不是以家庭为计算单位，而是每个人要缴纳 3 英镑的税金。假如一对夫妻有两个孩子，每年就得缴纳 12 英镑。

甘地对印度政府的做法感到极端失望，便以"无可挽救的大失败"为题，写了许多论文加以抨击。可是，这个议案成为事实，无可更改。不久，3 英镑税金的法案便开始严格执行了。

返回印度

1896 年 9 月，甘地终于回到久别的祖国。这次回国并不是由于他在南非的活动已经有所成就，而是打算把妻子嘉斯杜白和两个儿子接往南非，继续为南非的印度人争取自由和权利。此外，还有一个更重要的原因：甘地想让居住在印度本土的同胞了解南非的情况，以改变他们对同胞漠不关心的态度。

他回到印度，首先到拉奇科特探视妻儿，重温家庭生活的乐趣；另一方面，他利用闲暇，把南非的印度同胞所过的艰苦、凄惨的生活情形写成一本小册子，印刷了一万份，寄给全国各地的报社和政治家。这本小册子可以说是甘地的第一本著作，由于封面是绿色的，所以大家都称它为"绿皮书"。

要把这些小册子寄发出去不是一件小事。如果雇人也很费钱，于是甘地想出了一个更简单的办法。他把当地所有的小朋友都召集起来，请他们每天早上不上学的时候，义务劳动两三小时。这一点他们自愿地接受了。他答应把收集的邮票分送给他们，作为一种奖励。他们很快地完成了任务。

"绿皮书"寄出去后，引起很大的反响。《先驱报》首先就这本小册子发表了社论，由路透社摘要发到英国，又由伦敦总社的通讯员把摘要加以浓缩，转知纳塔耳分社。

但是，从伦敦发给纳塔耳的新闻却被浓缩成三行，而且夸大其词，引起当地白人强烈的反感，半年之后甘地重回纳塔耳时，便受到白人的仇视和严厉的指责。

"绿皮书"发出去后，甘地便接受朋友的劝告，到孟买去拜访绰号为"孟买之狮"和"无冕王"的梅赫达先生。

在他的想象中，被封名"狮子"，一定是非常可怕的人。

事实恰好相反，梅赫达像一个慈父接待他已成年的儿子一样地接见了他。甘地想在孟买举行一个演讲会，他把这个计划告诉梅赫达之后，梅赫达很严肃地说："甘地先生，这是很有意义的事，虽然我能力有限，但我仍会尽力帮助你。"于是，他便开始为他筹办演讲会。

这次大会是在捷汗吉尔研究所的大厅里举行的。因为费罗泽夏·梅赫达爵士也要发表讲话的集会，所以大厅里挤得水泄不通。出席这样的集会，在甘地的经历中还是破天荒第一遭。当他开始念讲稿的时候，他的声音还有点颤抖。费罗泽夏爵士不断鼓励他大声念下去，而他的感觉是，这不但没有增加他的勇气，反而使他的声音越发低弱……

费罗泽夏爵士的帮助使他的工作进行得很顺利。接着，他又从孟买赶到了浦那。浦那的朋友对甘地说："浦那目前有两个政党，我认为这次演讲会的主席最好由一个无党派人士来担任，如果你赞同我的看法，我可以向你推荐一个适当的人选，就是此地的大学教授戈克利先生。"

甘地接受了他的建议，立刻到浦那大学拜访戈克利教授。戈克利先生年纪与他相仿，27岁就当了大学教授。他还参与过印度国民会议派的创立工作，对争取印度的独立自由很有贡献。他和甘地一见如故，就像对待老朋友一样热情地接待他。

戈克利答应为甘地筹备演讲会，虽然会场的布置很简陋，但浦那地区许多有影响的人都应邀前来参加，使演讲会办得极为成功。

甘地觉得自己实在很幸运，在旅行演说中能够见到这么多学识渊博而又大公无私的人，他们也慷慨地给予了他许多帮助。

在甘地看来，梅赫达先生就像喜马拉雅山一般崇高峻伟，基拉克就像浩瀚无际的印度洋，而戈克利就是绵延平和的恒河。喜马拉雅山高不可测，印度洋广袤无垠，恒河温和可亲，任何人都能愉快地在那里沐浴徜徉。

继浦那演讲之后，甘地又到马德拉斯去，那里是他在南非营救过的工人巴拉森的故乡，大概正是因为这个，这里的群众格外踊跃。他印的一万份"绿皮书"很快销售一空。

当甘地转赴加尔各答准备演讲时，设于杜尔班的印度人会议的会员来了一通电报，说有急事，要他立刻赶回杜尔班。他想一定是纳塔耳的印度人遭遇重大事情了。因此他便立刻赶回拉奇科特，携带家眷到孟买，然后搭乘"格兰号"汽船前往杜尔班。

再度到南非

抵达南非后，甘地才知道，他们之所以会打电报给他，是因为居住在南非的印度人境况越来越悲惨。白人经常随便找个根本站不住脚的理由欺负他们，而他们又毫无反抗的力量。可是，这种事情并不是一朝一夕就能解决的，必须要有长远的计划。

甘地便把妻儿安顿在德尔班，然后又继续从事印度人会议的工作。虽然非常忙碌，但是因为有家人陪伴，日子倒也过得平安愉快。

两年之后（也就是 1899 年），爆发了所谓的"布尔战争"。布尔战争是英国人和布尔人之间为了争夺南非殖民地而展开的战争。前面已经说过，布尔人是最早移民南非的荷兰人的后裔，平时也饱受英国人的欺凌。他们终于忍无可忍，决定用武力反抗了。由于同病相怜，甘地当然在内心里同情布尔人。

甘地虽然同情布尔人的处境，但又不能不为印度人本身的利益着想。他对印度同胞说："各位，我理解你们的心情，但是，印度人的境况能否得到改善，全赖英国人的态度。如果我们想要在这里好好生活下去，就必须效忠于英国，站到英国那一边上。所以，我主张由我们自己组成志愿军，加入战争，保卫不列颠帝国。"

听他这么一说，许多同情布尔人的人都极力反对，甘地再三向他们陈述，这样做完全是为了大家的前途着想。最后，他们终于理解了他的意思，不久，他们就组成了印度人救护队，准备救助受伤的英军。

一般英国人都以为印度人是胆怯的，不敢冒险的，因此，他们虽然申请到前线去工作，但是当局说并不需要他们服役。

后来，由于英军处处挫败，伤亡惨重，原有的救护队已远远不够，才勉强同意印度救护队到前线去担任救护工作。

印度救护队由 800 名契约工和 300 名普通印度人组成。虽然救护队受红十字会指导，在战斗区域外活动，但是也经常会遇到危险情况。例如，当英军在斯比昂·柯柏战败后，他们就接受司令官布勒将军的要求，在枪林弹雨的战地上抢救伤兵。在这危险地区，随时会丧失生命，但是印度救护队表现非常勇敢。

在这些日子里，救护队队员每天行军 20 到 25 英里，还用担架抬着伤兵。有时为了救治重伤者，必须用担架把他们抬到 15 英里外的医院去，这些辛苦的工作，他们都毫无怨言默默承担下来。

后来，由于布尔军被英军包围，双方展开了持久战，受伤的人数便逐渐减少，因此，印度救护队只服务了 6 个礼拜就解散了。印度救护队的勇敢表现使英国人对他们的看法大为改观。布勒将军在他的报告中以感激的口吻提到救护队的工作，并为救护队的 37 名队长佩戴勋章，嘉奖他们的勇敢表现。

在布尔战斗中，由于印度与英军站在同一立场，英国人对他们的态度似乎有了明显的转变。不过，要把全英国人根深蒂固的观念完全扭转过来，却也不容易。但有一点值得欣慰的是，在战争中，救护队接触了成千上万的士兵，士兵们都很感激他们的服务。

此外，这次的救护工作增加了印度人之间的了解，这是非常珍贵的收获。自古以来，由于印度宗教派别繁多，大家都局限于自己的信仰而排斥异教，因此不同教派之间素不往来。可是，这次的救护工作使他们有了更高的觉悟，印度教徒、穆斯林教徒、基督教徒、泰米尔人都是印度人，既然都是印度儿女，大家就应该互敬互爱、团结一心。

救护队解散不久，布尔战争也平息了，南非又恢复了往日的平静。

甘地仍继续从事保护印度人生存权利的运动。由于当时没有什么紧急状况，他便想起上次回国时朋友劝甘地返回印度从事独立运动的事，于是，他打算在近期内回国。

印度人会议的朋友听说他要回国，都纷纷挽留他说："甘地先生，你回去了我们怎么办呢？"

甘地解释说："一直在南非待下去，并不能解决实际问题，我这次回去，是想了解祖国以及支配我们的英国目前的状况，从更广大的层面来研究一套完善的解决方法，而不是遗弃你们。"

听完这些，他们也明白了甘地的用心，于是便说："既然这样，那么我们就不留你了，只是你要答应我们，万一这里再发生问题，请你务必回来！"

甘地答应后，他们才同意让他回国。

当他决定回国时，在南非的印度友人为甘地举办场面盛大的欢送会。许多人为了感谢他为印度人所做的工作，送了他不少礼物，包括名贵的金项链、钻石手镯等。甘地认为，不管怎么说，一个为社会、为大众工作的人，绝对不可寻求报酬或接受别人的馈赠。于是他把这些贵重礼物以印度人会议的名义存入银行，只要会员中的任何人有困难，都可用它做抵押向银行贷款。

现在回想起来，甘地仍非常庆幸当时用这种方式处理了这些贵重的礼物。因为此举不但可以帮助许多有困难的人，同时，也把自己的灵魂从贪欲的深渊中拯救出来。这些物品一直寄存在纳塔耳的银行内，对当地的印度人颇有帮助。

孟买的新生活

甘地纪念馆中的甘地雕像

回到印度以后，甘地参加了印度国民大会党在加尔各答召开的会议，同时为了实地了解印度的情势，他也开始到全国各地旅行。

印度国民大会党创建于 1885 年，这也是印度人唯一可以参与印度本国政治的机构，虽然无法改变政府的决策，但也或多或少有一些影响力。

当甘地抵达加尔各答的会场时，附近的广场上聚满了各地选派的代表和旁听者，他们那种不讲卫生的脏乱情形真是令人震惊。而且，印度教、佛教、伊斯兰教、基督教等教徒都各自分开，互不相容。在这种情形下，还谈什么开国民大会的事呢？

于是，甘地便先到国民大会的办事处，请求他们改善卫生设备。但是，职员却冷淡地说："那不是我们的事，那是奴隶干的。"

的确，在印度，清倒垃圾、打扫厕所等是奴隶的事，那些参加国民大会的代表大多是刹帝利和吠舍阶级的人，自然不会干这种属于奴隶的工作。如果大会开的时间拖长了，这种脏乱的环境对于诱发传染病倒是十分有利的。因此，甘地就对办事处的职员说："可不可以请你把扫帚借给我？"他们立刻答应了。甘地拿过扫帚便开始扫厕所，很多人都用惊讶的眼光看他，他却一点也不在乎。

他参加国民大会的目的，就是想把南非印度人的实际生活状况做成议案，请求大会议决。会议进行了五六天以后，他才对会议的情形和内容大致有了一些了解，并见到了一些国民大会党的领导人物。其中最受大家欢迎、最具实力的就是他在浦那认识的戈克利先生。

直到会议的最后一天，大家仍在讨论一些知名人士所提出的议案，甘地始终没有发言的机会。好不容易到了当天晚上，戈克利才把他带到讲台上，他利用 5 分钟的时间，简短地报告一下他的议案，他宣读完以后，会场立刻响起一片"赞成！没有异议！"的呼声。

虽然大家一致赞成他的提案，但是这么多人里，竟没有人提出反对意见，他多少有些失望。

当印度国民大会结束后，甘地又赶回孟买，不料戈克利早就在那里等着他了。一见面，他就热情地说："甘地先生，你的构想和倡导的活动都很有意义，我很希望你留在国民大会党工作，你觉得怎么样？"

"承蒙您看得起，这是莫大的光荣。我虽有意加入国大党，但是，我并不同意他们的主张。国大党想实现印度自治，这个目标非常正确。不过，大多数参加会议的代表仍局限于自己的阶级和信仰，互不相容。想想看，我们印度人自己都不能抛开成见，团结一致，还靠什么来实现自治？若英国人以此为借口，说印度人目前还没有自治能力，我们拿什么来反驳？"

戈克利一面点头一面说："你这种见解和判断力确实令人钦佩，我们国大党就需要你这种人才，请务必留下来。"

虽然戈克利先生一再相劝，甘地仍委婉拒绝了。当他回到拉奇科特时，故乡的亲人朋友也都一致劝他留在孟买。为了不逆大家的好意，他便在孟买重新挂起"律师事务所"的招牌。

1902 年 12 月，甘地又收到一通来自杜尔班的电报，是纳塔耳印度人会议具名发出的，电文内容如下："英国殖民大臣张伯伦可望抵此，盼即返。"

想不到律师业务刚上轨道，又要远行了。为了信守以前的诺言，甘地只好极力说服反对他前往南非的哥哥和妻子，第三次到南非去。

甘地估计他顶多去工作一年，就可以回来了，所以便把妻子和孩子们留在了孟买。不料这次的南非之行，逗留的时间却比过去任何一次要长，前后达10年之久。

"撒地亚·哥拉哈运动"

抵达杜尔班后，甘地一行人商量了一下派代表去见张伯伦先生的日期，他们还起草了一份陈情书，要求英国人不可歧视住在纳塔耳的印度人。张伯伦看完陈情书后冷淡地说："英国政府一向不干涉殖民地的事，但你们的生活看起来确实不太好。我将尽我的力量帮助你们，但是如果你们想生活在欧洲人中间，你们就得尽可能和他们友好相处。"

接着，张伯伦又准备访问德兰士瓦。德兰士瓦的印度人要求甘地到比勒陀利亚作同样的陈情。那时，由于布尔战争的关系，德兰士瓦的入境手续非常严格，甘地拜托杜尔班警察所的警长亚历山大帮忙，好不容易才拿到一张入境许可证，顺利抵达比勒陀利亚。

他草拟了一份同样的陈情书，要求废止对印度人的差别待遇，同时，他也想再和张伯伦谈一谈。上次在杜尔班，张伯伦很快就接见了他，但这次却要求他们先递上陈情代表的名单。不料，两三天后，纳塔耳政府亚洲局方面来了一份通知，说是由于甘地在杜尔班已经见过张伯伦先生，这次最好改派别人参加。

张伯伦根本没有诚意，他的答复仍和杜尔班时一样冷淡。代表团中有人就抱怨说："甘地先生，以前发生布尔战争时，我们听从你的指示，为英国人效劳，可是，英国仍然对我们这样冷漠，没有半点感激的表示，我们的努力不是白费了吗？"

"我不后悔我的建议，我认为我们成立救护队是对的。我们这样做，只不过履行我们的责任。我们做一件事情，并不是为了要求什么报酬，不过我有一种坚定的信念，一切好事最后一定会开花结果。"接着他又说，"虽然向殖民大臣所作的交涉已经失败，但是我们已尽了全力，我想今后仍留在德兰士瓦工作，和各位共同从事争取印度人权利的活动，你们觉得怎么样？"

甘地话刚说完，在场的人立刻发出一片欢呼声，大家都赞成他的主张。

在约翰内斯堡，有很多由英国人经营的金矿公司，所以，这里的英国人更加盛气凌人，相较之下，印度人就显得更弱小了。因此，甘地便在约翰内斯堡开设律师事务所，重执律师业务。

他在约翰内斯堡开业以后，便想为印度人和其他有色人种做点事，以保障他们的安全。约翰内斯堡有许多官员，负责管理亚洲人。不过这些官员不但没有好好地保护印度人、中国人和其他的亚洲人，反而拼命压榨他们。

几乎每天都有人来向甘地控诉："有权利的人都得不到入城的许可，而那些没有权利的人只要花 100 英镑就可以进来了。如果你不出来主持公道，谁出来呢？"

甘地觉得如果不消除这种现象，那他就等于白住在德兰士瓦了，于是他便开始收集证据。收集到了相当多的材料后，他便控告了两个渎职的英国官员。虽然英国籍的法官一直偏袒两个官员，判决他们无罪，可是由于这件事已传遍各地，亚洲局迫于压力，不得不开除这两名官员。从此以后，亚洲局的官吏便不敢再有渎职行为了。

这件事结束后，他的律师事务所生意越来越好，为他带来不少收入，这是他意料之外的事。因此，他就想把大部分的收入用来从事一项新的工作——发行新闻周刊。

在 1904 年，有一个叫做马丹吉的律师曾向他建议说："甘地先生，你应该办一份报纸作为宣传工具，以便有效地发展印度自治运动。"

其实，甘地早就有这个想法，经他这么一说，他更坚定了。因此，甘地就立刻开始准备新闻周刊的工作，并决定把这份周刊命名为《印度舆论》，同时发行印度文版与英文版。英文版是要让英国人了解印度人的疾苦，印度文版是为了唤醒印度人的自觉，并促进大家的团结。

这个刊物就在 1904 年创刊了，曼苏克拉尔·纳扎先生是第一任编辑。他便把社论一栏交给甘地负责。这个评论，从创刊到 1914 年 10 年之间，除了甘地被捕入狱的那段期间外，每一期都有刊载，甘地集中精神，把他想告诉大家的话，经由这个评论专栏表达出来。在这些文章中，他除了提出争取平等权利的事之外，也谈到世袭种姓制度的缺点、各宗教的教徒对立所造成的祸害，以及改进卫生习惯等问题。

虽然他们全神贯注于出版周刊，试图唤醒印度同胞的自觉和英国人的理解，但是，住在德兰士瓦的印度人的生活并未因此而得到改善，印度人的人格、权利也未因此得到改善。相反，情况越来越糟。1906 年，又发生了一件严重的事，就是所谓的《新亚洲法》即将在德兰士瓦议会中讨论表决。

《新亚洲法》的内容如下：被准许住在德兰士瓦的印度人，年龄在 8 岁以上者，都必须到亚洲局登记姓名，领取证明书。登记时，须交回原来的居住许可证，并在登记卡上写明姓名、地址、年龄、出生地、世袭阶级等；然后，再由亚洲局的人把印度人的长相、特征等记载下来，例如缺了几颗门牙、身上哪一处有伤疤等。最后，再盖上十个指头的指纹。

如果不在限期内办好这项手续，就视同罪犯，被送入牢狱，而且还要取消居住权，强制押回印度。警察为了检查他们是否随身携带证明书，可以随时搜查印度人的身体，自由进入印度人的住宅。

那年 8 月的某一天，在回约翰内斯堡的火车上，甘地买了一份报纸，才看到这则令人气愤的新闻。想想看，在这个世界上，有哪一个国家会制定这样侮辱人的法律呢？真是欺人太甚了！

抵达约翰内斯堡后，甘地立刻把这个消息告诉印度的朋友们。他们听了都显得既惊讶又愤怒，便到处奔走，告知散居各地的同胞。在很短的时间里，便发动居住在约翰内斯堡的所有印度人，于9月11日聚在一起开会商量对策。

大会中，大家一致反对英国政府对德兰士瓦的印度人所订的《新亚洲法》。反对的方式有两种：一是主张采用暴力抵抗，并立刻购买武器；另一个意见是，既然英国人这么压迫他们，那么干脆离开南非算了！

这两个意见甘地都不赞成。使用暴力抵抗一定会造成伤亡的悲剧，这是不值得的，而且会授人把柄，认为是印度人故意挑唆找事。至于主张所有印度人都离开南非，这也是信口开河，谈何容易呢？

甘地心里非常明白，一旦《新亚洲法》在议会中通过，就必须遵从它的规定，否则，就会被捕入狱或押回印度。可是，他与英国人斗争到底的决心已不可动摇，宁可受到刑罚也绝不屈服。于是他把早已想妥的办法——"非暴力抵抗运动"告诉大家："即使《新亚洲法》在议会中通过了，我们也绝不遵从这个法案。万一因此而遭受刑罚，也要坚持到底。同时，绝不可采用暴力的手段来对抗。"

当然，如果只有10人、20人响应这个行动，也许发挥不了什么作用。但是，若相应的人数达到 1000、5000，甚至 1 万人，那么，德兰士瓦的政府就不得不加以考虑了。

甘地想替这个新斗争方法取一个适当的名字，于是通过《印度舆论》征求读者的意见。不久，应征信纷纷寄来，甘地发现他的堂弟马干达·甘地所取的"撒达·哥拉哈（择善固执）"不错，但仍不尽理想。因此，甘地就稍微改了改，称这个"不合作运动"为"撒地亚·哥拉哈（把握真理）"。接着，甘地们又决定把设在德兰士瓦的印度人大会改名为"撒地亚·哥拉哈协会"，以约翰内斯堡为中心，把这项运动扩展到整个德兰士瓦。

托尔斯泰农场

1907 年 3 月，《新亚洲法》终于在德兰士瓦的议会中通过了，并决定从 7 月 1 日起开始实施，所有的印度人从 7 月 1 日起到 7 月底期间，一定要遵照新的登记法办理登记。

7 月 1 日终于来临，"撒地亚·哥拉哈协会"也采取了对应行动，派人到约翰内斯堡的各个街口，阻止胆小的印度同胞前往登记。所以虽然办理登记的事务所早已准备就绪，敞开大门等待印度人前去登记，但是去者寥寥。倒不是甘地采取的行动产生了什么效果，而是打算去登记的人本来就没多少。

　　亚洲局的官员看到登记事务所一片冷清，才感觉到事态严重，便立刻出动大批警察，对"撒地亚·哥拉哈协会"施用压力。首先，他们把正在街头演讲的"撒地亚·哥拉哈"的会员逊得拉逮捕入狱。但是"撒地亚·哥拉哈协会"的会员一点也不畏惧，反而认为发展"撒地亚·哥拉哈"实力的时机到了，每个人早做好了被捕的心理准备。

　　这样一来，亚洲局就觉得棘手了。他们大概认为只要把主脑人物赶走，这项运动就无法持续，所以就在这年年底，他们命令"撒地亚·哥拉哈协会"的主要领导在 48 小时以内（有的在两个星期以内）立刻离开德兰士瓦。如果胆敢违抗，就要逮捕审判。

　　但是，由于协会的每个人都抱定坚持到底的决心，不肯屈从，所以都被抓了起来。接着，其他城镇的运动负责人也陆续被捕。

　　与此同时，约翰内斯堡以外的城镇也下达了同样的命令，要求参加这项运动的人在限定期限内离境，否则将被判刑。尽管如此，其他未入狱的"撒地亚·哥拉哈协会"的会员仍毫不气馁，继续坚持。

　　由于民众中也有很多人支持这项运动，所以他们也被送进了牢狱中。这些被关进牢狱的民众，大都是贫穷的流动商贩，他们没有固定的地方做生意，所以随时会遇到搜查证明书的警察，既然没有证明书，当然马上就被逮捕入狱了。

　　仅仅一个礼拜的时间，约翰内斯堡的监狱便关满支持"撒地亚·哥拉哈运动"的人。这时，政府也感到头痛了。两个礼拜以后，德兰士瓦的殖民大臣斯穆茨将军便请甘地到比勒陀利亚谈判。甘地在狱卒的陪伴下，与斯穆茨将军讨论《新亚洲法》的问题。

谈判中，甘地提出两个条件：第一，立即释放这次事件被捕的所有印度人；第二，把强制登记改为自由登记，半数以上的印度人登记完毕，即应立刻废止登记法。如果对方接受他的条件，他就立刻宣布停止这项运动。

斯穆茨将军答应了他的要求，并释放了所有被捕的人，同时，甘地也宣布停止这项运动。

为了信守甘地与将军的承诺，大家都主动去办理登记。当然，也有人对甘地的做法不能理解，认为他是"撒地亚·哥拉哈运动"的背叛者，所以才会酿成那样的悲剧。

那一天，甘地和两三个朋友准备到登记事务所登记。在他抵达事务所的入口处时，突然有一个叫做阿拉姆的人迎面走来，这个人见到他就问："甘地先生，你到这里有何贵干？"

"我来办理登记和录指纹。你来得正好，我们一起进去吧……"

甘地话还没说完，突然感到后脑一震，眼前一片漆黑，他叫了一声"神啊"，就昏过去了。

不知过了多久，甘地慢慢醒过来。

"啊！终于醒来了。"

甘地听到有人这样说，便慢慢睁开眼睛，四下一望，才发现自己正躺在床上。英国牧师德克先生正站在床前看着他。此刻他只觉得臼齿和肋骨非常疼，又不知为什么会变成这样。

"我这是怎么啦？这里是什么地方？"

"你被阿拉姆袭击了，你倒在地上的时候，我正好经过这里，便立刻通知警察来制服他，并和吉普逊先生一起扶你到这里。现在阿拉姆已在警察局接受审讯了。这里是吉普逊先生的办公室。"

听到德克这么一说，甘地就强忍疼痛起身说："阿拉姆被拘留了吗？唉，他肯定是以为我背叛他，我必须向他解释。请你到警察局保他出来好吗？"

就在这时，一些印度人簇拥着医生走了进来，此外，亚洲局负责办理登记的官员伽姆尼也来了。甘地对伽姆尼说："我今天是来登记的，不料却出了这个意外，我现在没法走到事务所。可是我仍想登记，可不可以麻烦你把登记表拿到这里来？"

伽姆尼接受了甘地的要求，并很快送来登记表，填好表格，盖上指纹后，甘地又打电报给警察署长，要求释放阿拉姆。接着，他又写信给"撒地亚·哥拉哈运动"的朋友，内容如下：

"关于阿拉姆的事，这完全是个误会，因为他不了解我向德兰士瓦政府所作的承诺，以为我背叛自己的同胞，所以才这样对我。事情已经过去了，希望你们还像以前一样善待他，不要怪他。我现在在这里得到德克牧师的妥善照顾，相信不久就会康复的。"

在甘地登记之后，许多印度人也踊跃前往登记。短短几天，办好登记手续的印度人已超过大半了。而"撒地亚·哥拉哈"的朋友都遵从甘地的意思，原谅了阿拉姆，没有一个人对他采取报复行动。

接下来，就是德兰士瓦政府遵守诺言，废止《新亚洲法》的时候了，因为到目前为止，甘地对斯穆茨将军所作的承诺已全部做到了。

但是，令人愤怒的是，政府根本不守诺言，反而把他们主动登记的表格，当作实施《新亚洲法》的根据。而且，为了早日完成所有的登记手续，还把法律条文订得更苛刻。一向信守承诺的甘地，也开始对政府言而无信的做法感到失望。

"请遵守斯穆茨将军与甘地的约定，立刻废止印度人登记法。如果不肯实践诺言，我们就把所有的证明书收集起来烧毁。"这是"撒地亚·哥拉哈"的委员在忍无可忍之下，对德兰士瓦政府下的一道最后通牒。

这道最后通牒限定政府必须在某个时间以前予以答复，可是期限到了，政府仍没有反应。

大家集体烧毁证明书，正好为政府的背信行为做最好的宣传，让大家都知道德兰士瓦的政府没有遵守与印度人的约定。所以大家决定烧毁证明书。

当一切准备工作完成就绪时，德兰士瓦政府的复电才姗姗来到，说是"政府不能接受印度人的要求，将照既定规定，强制执行登记制度"。

甘地当众宣读这份电文之后，大家都非常愤慨。有的性情较急躁的人，已经按捺不住地点起火来，率先烧掉证明书，接着一张张证明书都被投入熊熊烈火中。一些稍后赶到的人，也不落人后地把证明书投入大火中，阿拉姆就是其中之一，他虽被判决有罪，但不久就释放了。他已了解甘地当时的良苦用心，所以也响应号召，把证明书烧了。大家围着火焰又跳又叫，愤怒地抨击政府。于是，原本已经平息的"撒地亚·哥拉哈运动"，又随着熊熊火焰炽烈地发展起来了。

因为没有证明书而被逮捕的印度人逐渐增多，一些单身汉被捕倒也没什么问题。但是有家眷的人被捕麻烦就大了。因为这些工人大多没有什么积蓄，一旦被关起来，一家人的生活就立刻陷入困境，往往流落街头靠行乞度日。

为了解决这个问题，"撒地亚·哥拉哈协会"必须支出大量费用，补助这些家庭的生活开销。可是由于从事"不合作运动"而被捕的人数不断增加，"撒地亚·哥拉哈协会"实在难以负荷这项庞大的开支，必须想出一个长远的计划来不可。

在这之前，甘地阅读了俄国文学家托尔斯泰的著作，他强调所有的人都应各本岗位，互相合作。后来，甘地又看了英国思想家罗金斯的一本书，大意是农民耕田、工人自制器物，这种自食其力的生活才是真正的生活。甘地把这两位大思想家的精神结合起来，想建立一个能让印度人自食其力的农场。

甘地的老朋友柯连·巴哈听到他的计划后立刻表示赞同，他说："这是个好主意！那些被捕入狱的人，多半是劳工，原来也是以农业为生，他们的妻子也一定懂得怎样耕作。"

柯连·巴哈是德国籍的建筑师，作出决定之后，他就开始帮甘地挑选土地。最后，他看中了罗莱火车站附近一块400英亩的土地，这里种有1000多株果树，有两口古井，一处泉水，灌溉很方便，距离约翰内斯堡也只有约30公里。虽然甘地也很中意，可是他没有足够的资金。最后也是由柯连·巴哈出资买下了这块土地，作为"撒地亚·哥拉哈运动"的农场。

甘地把这个农场命名为"托尔斯泰农场"，以纪念这位伟大的文学家，感谢他启发他建立农场的灵感。他又马上集合被囚的印度人的家属，着手经营农场。

托尔斯泰农场完全秉持自力更生的精神，不请外人帮忙。更难能可贵的是，农场中的每一分子都能和睦相处，团结合作，不论是田事、家事都由大家协力完成。

在印度，自古以来就对出生地、世袭阶级、宗教信仰等都有很严格的规定，凡是信仰、阶级、出生地不同的人，往往不能相处在一起，甚至不能一同吃饭。虽然托尔斯泰农场的工人包括来自印度各地的印度教徒、伊斯兰教徒、佛教徒、基督徒等，但是大家完全没有这种阶级和宗教的差别意识。由于大家团结一致、辛勤耕作，不久，农作物便丰收了。

甘地想的是，如果所有的东西都能自己制造，就可以和德兰士瓦政府长期对抗了。所以他们建立农场的目的并不只是为了自给自足，还希望由此赚更多的钱，作为发展工业的资金。

在发展工业方面，他们做的第一个工作，就是建立木器工厂，制造箱子、椅子，以及其他木制品等。第二件事，就是建立制鞋厂。在此以前，每个人所穿的鞋子都是在店里买的皮制凉鞋，自从他们学会制鞋技术，在自己的农场制造以后，大家都穿自制凉鞋了，而且，还可以把多余的拿到市面出售。到最后，连房子也是靠自己的力量搭建起来的。

托尔斯泰农场的业务上轨道以后，甘地又想到了孩子的教育问题，他觉得必须为农场的孩子提供一些受教育的机会。他一直认为，真正的教育只能来自父母，然后再加上最低限度的外界帮助。但是这些做父母的从小就过着贫苦的生活，自己都没有余力接受教育，大多数连自己的名字也不会写，拿什么去教育孩子呢。

托尔斯泰农场是一个大家庭，而甘地是一家之主，因此应当尽可能负起训练年轻一代的责任。

由于大家同心协力，教室很快就建好了。教导孩子读书、写字的工作就由柯连·巴哈和甘地共同负责。由于他们没有做老师的经验，刚开始时效果很不好。再加上孩子们上午还要工作，下午才能来上课，因为疲倦，很多人会在课堂上打瞌睡。

此外，教学上最主要的困扰，还是在于南北各地的方言不统一。农场的工人来自印度各地，语言极为复杂，说印地语、泰米尔语、古遮拉特语和乌尔都语的都有。甘地懂古遮拉特语，对泰米尔语也稍有了解，至于其他的语言则完全不懂，所以教起来特别吃力。

令人安慰的是，甘地的苦心没有白费，自从开办学校以后，不但孩子们能读书写字，而且也使来自各地的工人了解了和睦相处的道理。

三次被捕

"撒地亚·哥拉哈协会"全体会员，以及所有德兰士瓦的印度人，都有彻底推行"撒地亚·哥拉哈运动"的决心，即使因此而被捕入狱也不在乎。但是，在这期间，由于被捕的人数大量增加，致使许多家眷生活困难，光靠托尔斯泰农场已无法负起这个沉重的负担。因此，甘地他们决定把"撒地亚·哥拉哈运动"的总部迁移到菲尼克斯农场。这个农场距离纳塔耳的杜尔班20公里，开创的时间比托尔斯泰农场还要早。

当他们与德兰士瓦政府展开长期战时，南非的情势有了些微的变化。

英国人通过布尔战争，吞并了奥兰治自由邦和德兰士瓦共和国。1910 年 5 月，英国将开普省、德兰士瓦省、纳塔耳省和奥兰治自由邦合并成南非联邦，成为英国的自治领地。德兰士瓦这位南非联邦的总理，就是曾经担任德兰士瓦殖民大臣的斯穆茨将军。

斯穆茨将军成为南非联邦总理后，就邀请国民大会党的主要人物戈克利先生到德兰士瓦来访问。戈克利一见到甘地就高兴地说："甘地先生，告诉你一个好消息，南非联邦政府与我谈起要废止被视为黑暗法案的《新亚洲法》，同时也要取消 3 英镑人头税，今后你可以停止'撒地亚·哥拉哈运动'，与联邦新政府和睦相处了。"

可是几天之后，当戈克利要求联邦政府实践诺言时，才发现自己受骗了。因为联邦政府根本不承认曾作过这样的承诺。

知道这件事以后，甘地心中非常愤怒，他对戈克利说，既然当地政府一再失信，他们只好继续扩大"撒地亚·哥拉哈运动"，彻底推翻《新亚洲法》。

就在甘地为发动"撒地亚·哥拉哈运动"而从事各项准备工作时，联邦政府不但不履行诺言，反而变本加厉地压迫印度人，他们又制订一项新的法律：凡是不用基督教仪式办理的结婚登记，一律无效。

照这条法律的规定，印度人遵照印度教仪式所举行的婚礼就不被承认了，其他教派也是一样。夫妻关系在法律上得不到正式承认，孩子也就没有正式身份，而变成了私生子，以后就没有继承父亲财产的权利。住在南非的印度人知道这件事后，都很愤慨，一致主张发动"撒地亚·哥拉哈运动"来对抗政府。

有关结婚的问题，不只男人，女人也关心，对这条法律所带来的损害，女人的感受要比男人来得强烈。因此连那些从未参加过这项运动的妇女，也坚持加入，即使因此遭受牢狱之苦，也在所不惜。

为了女性的安全考虑，甘地虽然允许她们参加这项运动，不过，绝不主动召集她们参加。

有一天，嘉斯杜白很不高兴地埋怨甘地："真是遗憾，你怎么不要求我参加'撒地亚·哥拉哈运动'？难道你不相信我吗？"

"我当然相信你，可是我不希望你是因为我的要求才去参加这项运动。我希望你能慎重考虑，如果你愿为自己的行动负责，并且不畏牢狱之苦，我绝不会制止你参加。"

听他这么一说，嘉斯杜白立刻高兴地说："我早就想参加，而且一定会为自己负责的，你放心好了。"

甘地的妻子志愿参加"撒地亚·哥拉哈运动"的事传开后，菲尼克斯和托尔斯泰农场的女人，乃至一般印度妇女也热烈地响应起来，甚至怀抱着婴儿的年轻母亲也不甘落后于人。

甘地把托尔斯泰农场的女人集中起来，要求她们前往位于纳塔耳中心地区的纽加塞耳矿区，发动印度工人罢工。由于 3 英镑人头税法、强制印度人办理登记，以及强行规定结婚仪式等不当措施，印度人早就满腔怒火了，所以这次的计划非常成功，罢工的声浪就像燎原的星火一般，从煤矿传到金矿，又从金矿蔓延到钻石矿，进行得如火如荼。

这时，纳塔耳的州政府再也不能保持缄默了，立刻派出警察，逮捕了托尔斯泰农场的女人。参加"撒地亚·哥拉哈运动"的女性被捕的消传出后，在纽加塞耳边远地区工作的印度工人马上开展了罢工运动。

因为这些劳工大都是穷苦工人，所有住的、用的，以及饮水、炉灶等器物，都是矿主提供的。一旦参加罢工，矿主就把房子、用具、水井、炉灶等收回，就会使他们陷入无地安身的困境。所以他们的罢工也给甘地他们带来了很大的麻烦。

为了保障他们的生活，必须设法解决这个问题。可是，要怎么做才能安顿这么多人呢？考虑许久之后，甘地终于想出一个一举两得的办法，就是把这 5000 名劳工全部带到德兰士瓦来，让他们参加"撒地亚·哥拉哈运动"，以激怒政府逮捕他们，这样不仅可以壮大运动的声势，增加州政府与联邦政府的困扰，而他们也可以安心地在狱中生活，吃住的问题也就解决了。

从纳塔耳的纽加塞耳到德兰士瓦有 50 多公里路程，再加上德兰士瓦到托尔斯泰农场的 200 公里，这么长的路程，照例应该是乘坐火车来往的。可是 5000 张火车票不是小数目，他们没有这么多的资金，最后只好决定徒步前往。1913

年 10 月 28 日，甘地率领这些工人徒步前往德兰士瓦。他曾劝一些年老和携带小孩的矿工返回矿区，以免旅途劳顿造成身体不适，却没有一个人肯回矿区工作。

要带领 5000 名互不相识的人平安地走完全部旅程，确实需要费一点脑筋，因此甘地拟订了一项行进时必须遵守的事项：第一，不要携带无关紧要的物品，在路上不可以夺取别人的东西；第二，在情况最恶劣时，"撒地亚·哥拉哈协会"每天只配给每一个人一些面包和一汤匙砂糖；第三，即使遭到白人辱骂，也不要还嘴，警察来抓时，必须遵守"不合作运动"的精神，不予抵抗；第四，在行进中，万一他被逮捕，大家决不可灰心气馁，自乱阵脚，必须勇敢地走下去。

大家一致表示愿意遵从这项规定，浩浩荡荡的队伍就出发了。第二天下午，他们平安抵达德兰士瓦边境的查尔斯敦。镇上的印度商人热烈地欢迎他们，并赠给他们大量的粮食，还自动把锅、炉等借给他们，并请女人和孩子到他们家里过夜，男人就在院子里做饭、安歇。

为了观察政府的反应，他们在查里斯敦逗留了一个礼拜，发觉没有麻烦后，才继续前进。又走了大约两公里后，就到了纳塔耳与德兰士瓦的界河上。这时刚好有五六个骑马的警察在边境巡逻。甘地告诉大家："各位在这里稍停一下，听我的指示行动，我们没有许可证，想越境恐怕会有些问题，我先去向警察交涉一下。"

于是甘地便走向警察，向他解释没有许可而要越境的事，请他谅解。当他们正在交谈的时候,那些工人看到州境的标志,便兴奋地一拥而上,拦也拦不住。警察看到这股来势汹汹的急流,早就吓得不知所措了,甚至把逮捕负责人的事也忘了。

重新整好队伍后,他们又像什么事也不曾发生过一样,继续朝德兰士瓦的方向前进。进入德兰士瓦境内,再经过沃克斯拉特镇,他们在傍晚5点多钟抵达巴尔姆福特,吃过简单的晚餐后,大家就各自寻找舒适的地面,铺上一块布,准备在露天下过夜。起初还有些家眷在聊天,有些人在祈祷,随着夜色渐深,大家也渐渐进入梦乡,一切复归于平静。

因为明天还要继续赶路,甘地也必须早点安歇,才能有充沛的体力,就在他准备睡下的时候,突然听到一阵由远而近的脚步声。当他看到手上提着煤油灯的白人警察时,便立刻明白这是怎么回事。

警察来到他身边说:"你是甘地吗?请看这张拘捕状,你已经被捕了。"

"什么时候?"

"现在就跟我走。"

"你们要把我带到哪里去?"

"沃克斯拉特镇。"

"好,我这就跟你去。不过请稍等一下,我还有事要交代我的朋友。"

警察同意后,甘地便叫醒躺在他身旁的耐兹,告诉他自己已经被捕了，请他带领大家继续往前走，接着，甘地便放心地跟着警察走了。

第二天早上，甘地被带到了沃克斯拉特法院。幸好检察官表示要进一步调查真相，要等一个礼拜之后才开庭。如果马上开庭判决，他一定会被判有罪而入狱，但是在这紧要关头被拘留一个礼拜，一定会使计划大受影响，因此他就向法庭申请保释。起初检察官坚决不准，但因为治安法官秉持公平的原则，准许他以 50 英镑交保。

当甘地走出法院时，柯连·巴哈已在门口等候了，甘地坐上他的汽车追上仍在行进的队伍。大家看到他平安回来，都非常高兴，精神也振奋起来了。

又继续走了两天后，他们的队伍才抵达史丹德顿。正当甘地在为大家分配午餐时，突然发现史丹德顿的治安法官正在一旁监视甘地。这个治安法官甘地以前就认识，于是他上前问："你来这里，是有什么事吗？"

他很为难地说："实在是抱歉，甘地先生，我现在要逮捕你，这是上级的命令。"

"哦！还要劳烦治安法官亲自来抓我，看来我变成大人物了。"

甘地戏弄了他一句，然后便向朋友交代了一下，要他们继续前进。一切安排妥当后，甘地就跟他到法院去。

这次没有那么幸运了，法官要求立刻开庭审判。当甘地提出延期审判和保释时，检察官仍然坚决反对，结果还是由治安法官决定，准许他交钱保释。

走出法院时，早已有印度商人在等候他。坐上车后，甘地很快地又赶上才走出 5 公里远的庞大队伍。

但在第二天，甘地又被德兰士瓦州的警察逮捕了，他们把他拘留在海德堡。没想到 4 天之内，就创下被逮捕 3 次的纪录，真是令人哭笑不得。

这次审判时，法院再也不准他保释了，还判他服劳役 9 个月。判刑的理由是，甘地私自把与纳塔耳的契约工带出州境。

取得胜利

后来甘地听说，在他被捕后，行进的队伍并没有中断，暂时由波拉克领导，并照原定计划抵达格雷林斯达特过夜。

第二天早上，当他们到达巴尔弗时，火车站已为他们准备好三列车厢，想等他们抵达后便立刻押返纳塔耳。

"赶快上车！"

"不！除非这辆车要把我们带到监狱去，否则我们绝不上车。"

经过波拉克的一番开导，他们才走进车厢，被押返纳塔耳。波拉克提到了"撒地亚·哥拉哈运动"的精神，他希望请大家遵守这一精神。

纳塔耳没有可以收容 5000 人的大监狱，所以这些印度劳工并没有被送入监狱。但是纳塔耳政府想出一个更残酷的办法，他们用铁丝网把纽加塞耳矿区围起来，作为"纽加塞耳临时监狱"，而矿主和监督的白人就成为特别监督官，强迫这 5000 名印度人做苦工。

　　印度工人当然不愿像奴隶一样做工，可是只要他们稍微懈怠，就被拳打脚踢，任意殴辱，简直连牛马都不如。

　　这种无法无天、惨无人道的做法被传到国内后，当时正卧病在床的戈克利先生一听到这个消息，便勉强支撑起身体，到电台向全国听众广播，要求大家一致声援，设法解救南非的同胞。

　　短短几天内，南非的印度人问题就成为全国瞩目的焦点。连印度总督哈丁也为此事发表了谈话："南非联邦对印度人的态度的确有违人道，在这件事上，我绝对支持印度人的立场。"

　　哈丁的谈话不但传到南非，同时也在英国本土引起很大的反响。因为印度也隶属于英国殖民地，所以哈丁不曾批评过殖民地的政策，这次他却破天荒地发表了谈话，可见纽加塞耳监狱实在是残酷到了极致，才会引起全世界的公愤。

　　由于各方面的一致谴责，南非联邦政府不能再坐视不管了。斯穆茨将军为了推卸责任，就仿照西方的做法，组织调查委员会负责调查事实真相。然后再依照这项调查，决定下一步的处置。

　　不久，由 3 个白人组成的调查委员会成立了，他们做的第一件事就是释放甘地和柯连·巴哈以及波拉克。从 12 月 18 日被捕，甘地已经在狱中待了 6 个星期。

　　因为这是有关印度人的问题，应该让印度人参与决定。所以出狱后，甘地做的第一件事便是要求在调查委员会中增加印度人的名额，至少要有一个印度人参与调查。斯穆茨将军不肯接受甘地的要求。既然没有得到满意的答复，甘地便想再发动一次"撒地亚·哥拉哈运动"，即使再度入狱也在所不惜。

　　就在这个时候，联邦铁路局的白人劳工为了薪资问题举行了一次大罢工。如果这个罢工持续下去，很可能会把南非联邦政府拖垮。所以甘地的朋友便提议说："这是印度人发动大规模示威游行的好机会，政府正自顾不暇，说不定会因此而让步的。"

　　甘地坚决反对这种趁火打劫的做法，他说："铁路工人罢工并非以困扰政府为目的，只是想借此要求提高工资而已，跟我们的问题完全是两回事，我们没有理由助长他们的声势。利用其他事件来增加政府的困扰，是违背真理和'撒地亚·哥拉哈'精神的行为。我们自己的事应由自己来解决，示威活动必须等到罢工问题解决后才能举行。"

　　这位朋友了解甘地的用心后，也同意了他的决定。当他们把这项决定通过路透社传到英国本土后，来自英国的赞扬、鼓励的信件和电报，就像雪片一般飞来，就连许多一向不关心印度人问题的人也非常感动。

斯穆茨将军的秘书一向对印度人颐指气使、态度恶劣，当他知道甘地的决定后，也感动地对他说："老实说，甘地先生，我一向不喜欢印度人，也不屑于帮助印度人。但是现在你们却帮了我们一个大忙，以后我们都不好意思逮捕你们了。"

停了一下，他又继续说："我们曾想过，假如你们趁这个时候发动游行的话，我们会立刻采取措施来对付你们。可你们却只想以牺牲自己来换取胜利，这才令我们觉得为难呢。"

这件事之后，南非联邦政府也只好采纳甘地的意见，让印度人加入调查委员会。此外，甘地还建议政府订立《印度人救济法》。

不久，议会便通过了《印度人救济法》，经斯穆茨将军签署后，立刻生效。这项议案的成立，不但废止了3英镑人头税的法案，而且还承认了以印度仪式所结合的婚姻关系。同时，印度人只要取得一张简单的居住证明，就可在南非的任何州居住。

连续进行了8年的"撒地亚·哥拉哈运动"，如今已得到胜利，南非终于成为印度移民可以安心居住的地方了。

胜利的消息传到印度后，甘地很快就收到国大党戈克利先生的来信，内容如下：

"甘地先生，恭喜你终于取得了胜利。现在你在南非的工作差不多已经完成了吧，我想请你回国，为印度同胞服务。今年夏天我会待在伦敦，我希望能在那里和你会面，商讨向英国议会和殖民大臣提出印度自治计划的问题，不知你意下如何？"

印度自治，真是太棒了！

长期以来，印度都是英国的殖民地。在英国的统治下，印度人民饱受种种不平等的待遇，如果想要独立，必须先实现自治。这样重大的问题，戈克利竟然要他参与，他真的可以胜任吗？考虑再三，甘地还是下定决心，接受戈克利的建议，并打算在 1914 年 7 月 18 日，从杜尔班港搭乘汽船到伦敦与戈克利面谈。

活跃在祖国

"撒地亚·哥拉哈农场"

1914年8月6日，甘地刚抵达伦敦，就听到一个令人震撼的消息：两天前，由于德国军队入侵比利时，英国对德宣战，第一次世界大战的序幕就此拉开。

戈克利因为健康的关系去了巴黎，因为战争的爆发，巴黎和伦敦之间的交通已经断绝，不知道他什么时候才能回来。

这次的战争，英国决心孤注一掷、全力迎战，全国人民表现得慷慨激昂，尤其是学生们，更是争先恐后地参加义勇军，捍卫自己的国家。遇到这种异常的情势，身为印度人应该采取怎样的态度呢？这时甘地的朋友劝他："英国忙于应付德国，没有余力顾及其他，我们应该借着这个机会，提出印度自治的要求。为了避免印度叛变，英国政府一定会答应我们的要求的。"

甘地认为在对方有困难时，应该先协助他解决困难，等到问题解决以后，才可提出正当的要求。乘人之危的做法，他是坚决不同意的。甘地仍旧采取与布尔战争相同的行动，组织印度志愿军，训练救护队以救援受伤的英军。

但是，招募志愿军的工作进行得并不顺利，再加上他长期在南非奔波，以致积劳成疾，得了肋膜炎而住进医院。他原先还以为只要住几天就可以出院了呢，可医生却告诉他说："你最好趁着冬天还没有到来时赶回印度，否则，冬天一到，你的病情将会恶化。"

甘地只好听从医生的劝告，在 1915 年 1 月 9 日返回印度。比他提前一年回国的戈克利特地赶来迎接他，同时，还为他举办了一个盛大的欢迎会。也许是戈克利曾向大家提过甘地要返回印度的事，所以有很多印度的名人都出席了这个欢迎会。他们从南非的活动，一直谈到英国的情形、印度的自治以及印度民族的未来命运等问题。

当所有的人都告辞了，只剩下甘地和戈克利两人时，戈克利非常关切地问他："你今后有什么打算？ 如果你愿意，欢迎你加入我创立的印度人服务协会。"

所谓的印度人服务协会，就是为印度人争取福利的工作团体。起初，甘地也想按照戈克利的意思，在印度服务协会工作。可是后来，当他跟该协会的会员接触时，才发现他们的观念和做法却与他完全不同，虽然他们的目标也是为了争取印度全民的利益。

他想回到故乡拉奇科特去经营农场，召集以前在南非菲尼克斯农场共事过的朋友，大家一起重过甘苦与共的生活，发扬"撒地亚·哥拉哈"精神，以求印度独立。因为要让印度获得自治以至于独立，光靠政治运动是不够的，必须全印度人的精神都蕴涵真理。他对戈克利说："我想和在南非时的朋友一起经营农场，然后以这个农场为基础，把'撒地亚·哥拉哈运动'拓展到整个印度。"

戈克利听了也很赞同，他心平气和地说："甘地先生，我明白你的心意，你可以依照自己的方式去做。虽然我们的目标相同，但是做法和观念还是有差别的。如果经费上有困难，随时可以来找我。"

不必操心经费问题就能开设农场，这简直是做梦都意想不到的啊！甘地高兴极了，于是准备立刻着手筹划。戈克利又叮嘱他说："你离开祖国已有22年了，很多东西都在不断地改变，我建议你先到国内各地去游历一番，以了解印度的现状，这样才能更正确地把握方向。至于别人的闲言闲语，务必仔细辨别真伪善恶，经慎重考虑之后才作决定，不可轻易动摇自己的信念。"

甘地接受他的建议，开始到各地旅行。旅途第一站就是山吉尼克丹农场，这个农场位于孟加拉国的波尔布亚，菲尼克斯农场的同仁们就暂时居住在这里。

长时间坐火车旅行对甘地来说，无疑是和痛苦搏斗。在他年轻时，尤其是在南非的那段日子，甘地不肯输给白人，每次都要坐头等车厢。自从开始"撒地亚·哥拉哈运动"后，他的想法慢慢改变了，他觉得没必要跟白人争面子问题，他要争取的应该是实质上的平等。所以后来他就穿着工人的服装，与工人一样搭乘三等车厢。去英国去见戈克利教授时，他也穿着印度工人的服装——木棉制短袖衣服，缠着腰布，外面罩上一件氅衣，戴着头巾。

回到印度以后，他仍旧乘坐三等车，由于氅衣和头巾有很多不便，所以他就改戴克什米尔的廉价木棉帽。任何人看了他这副打扮，都会认为他是个贫穷的工人。

以这种装扮来搭乘三等车实在很相称，没有一个人会特别注意你。可是三等车厢的车票却不好买，因为三等车的车票不预售，开始售票时，等着买票的人便一拥而上，你争我夺地抢着买票，往往一不小心就会碰得头破血流。即使好不容易买到了票，可是车厢已经挤满了人，根本上不去车，只能从窗户里爬进去！此外，三等车厢的脏乱也无法形容，以至于甘地常常怀疑这是不是人坐的车。

在这种情况下，能挤上车就算是幸运的了。因为如果挤不上，说不定就要到载牛羊的货车上，那种滋味才难受呢！

除了三等车乘客的自私和不讲卫生，铁路局宁可为白人花钱保养头等车厢，而不肯为工人花钱维护三等车厢的整洁，也是造成三等车如此脏乱的一个重要原因。

在这样的三等车上，要连续乘坐 20 小时，甚至 30 小时，简直就像地狱之旅一样。这种痛苦，正是英国统治下的印度工人、农人共有的痛苦。这样一想，甘地就下定决心，只乘坐三等车旅行。

甘地用了将近一年的时间，在印度各地旅行，对印度农民、工人的生活和思想有了进一步的了解。于是他就开始着手建立农场。这个农场位于阿赫梅达巴近郊的撒尔马河河畔，于1915年5月25日建设完成。

当盼望许久的农场建成后，甘地便请山吉尼克丹农场的朋友来帮忙。他们的人数加上甘地全家人，只有25人，大家轮流做饭，就像一个大家庭一样。

经过讨论，他们决定把农场命名为"撒地亚·哥拉哈农场"，希望借着对真理（撒地亚）的把握（哥拉哈）来伸张正义，改变不合理的事实。

契巴朗问题

1917年春天，为了能更真切地了解印度农民的生活情形，甘地仍旧搭乘三等车，到毕哈尔州北方的契巴朗访问。

契巴朗是在恒河北岸很远的地方，正好在喜马拉雅山脚靠近尼泊尔的地方，和印度的其他地方是隔绝的。这里是靛青的著名产地，这里的农民大多种植靛青作为染料。农民们向地主租地耕作，以收获物来缴纳租金，这种方式使广大的佃农生活非常困苦。

一位叫做苏克拉的贫苦农民一面诉说生活的困难，一面央求甘地："请帮帮我们吧！"

为了能实地了解，甘地就请苏克拉当向导，在契巴朗地区访问，可是苏克拉却不知道应该带甘地参观哪些地方。因此，甘地只好找当地的领导人布拉撒德和布拉吉萧先生，请他们引导他做实地调查。

甘地的访问使地主和州政府的官员很不高兴，他们都想尽办法阻挠他。尽管甘地早有警惕，他们还是发动了一股恶毒攻击他的逆流。报纸上充满了对他的种种污蔑。然而他的极度谨慎和坚持真理、丝毫不苟的态度，使他们不得不转变锋芒。

甘地将全部的心力用在调查农民的生活情形上。他发觉目前农民用实物代替租金的纳租方式固然需要解决，但是还有一项更迫切的问题，那就是这些农民的教育问题。

这些农民大都没有读过书，缺乏知识，因此，甘地与布拉撒德等人商量，打算先在 6 个村庄中各设一所小学，除了教授语文之外，还要指导村民改善环境卫生以及注意生活细节。由于经费不足，无法雇用专门的老师和医生，只好聘请两个慈善家来负责。

因为这两位负责人并不是医科出身，当村民有病时，他们仅能凭自己粗浅的医疗常识替他们治疗。例如，用麻油治下痢；用奎宁退热；外伤或肿痛则使用硫黄软膏……有很多农民接受了这种简单的医疗方法，对从来没有用过药的他们来说，即使是只有这些药，他们就已经获益匪浅了。

此外,要让农民了解卫生的重要也是一件非常困难的事。长期以来,过惯贫穷生活的农民对于脏乱早已习以为常,以致整个村庄既脏且乱,无形中成为病菌的温床。为了改善这种情形,甘地对两位负责教导的慈善家说:"我们应该以身作则,使农民知道爱好整洁的好处,以及脏乱带来的害处,这样,他们就会自动自发地保持整洁了。"

商量好之后,大家便开始进行。随甘地迁居来此的嘉斯杜白也主动加入了卫生队,共同为整理环境而努力。从早到晚,大家不断地清理村里的水井,挑土填平低洼的地方,清除垃圾等。

他们打扫道路和院子,洗刷水井,填平附近的水沟,以和蔼的态度劝导村民自行打扫。有一些村子的人非常热心,他们甚至修路,使甘地的汽车能通行各处。但是有些村民坦率地表示他们不喜欢这种工作,甚至有人还不屑地讥讽说:"我才懒得去做这种没有价值的工作哩!"

这些话固然令人难过,可是,这也不能全怪他,因为这个地区的农民实在太穷了,连生活都成问题,哪有多余的力气顾及卫生呢?

例如,设有学校的比提哈瓦村,该村的妇女都穿着脏兮兮的衣服,嘉斯杜白实在看不过去,便去问她们:"衣服太脏的话,容易感染细菌而生病,你们为什么不把衣服洗干净呢?"

其中一个妇人听了这句话，便一言不发地把嘉斯杜白和甘地拖到她家里，指着空荡荡的房间说："你瞧，这里没有箱子，也没有柜橱可以收藏别的衣服。我只有身上这一条纱丽，洗了的话，我穿什么呢？"

她的话没有错，假如甘地也是这么穷的话，大概也会和他们一样，无法顾及卫生问题了。但是，经过调查，甘地发现，不仅是契巴朗的农民这样生活，全印度随处都可以看到这种情形。印度有无数的茅草房，里面既没有家具，也没有可以换的衣服，人们只靠一条破烂不堪的布遮身。

正当学校教育、卫生工作渐有绩效，甘地对契巴朗农民的实地生活情形也调查得很顺利的时候，孟加拉国州政府却来了一封信，大意是：你的调查已经拖得够久了，你现在还不结束这个工作，离开这里吗？

甘地明白州政府这样做的用意。他们怕他把调查结果发表出来，想趁他的调查工作尚未完成之前，把他赶走，以免为他们带来麻烦。他当然不肯屈服，就写了一封回信："除非州政府承认农民的疾苦是真实的，并为他们解除这种疾苦，或者立即成立一个调查团进行调查农民的案情，否则，我绝不离开这里。"

这封信果然引起了州政府的注意，他们马上派副总督爱德华·盖德亲自调查农民的生活情形，结果发现契巴朗农民的生活的确连牛马都不如，于是，他们就立刻发布命令，废止以实物缴纳租金的制度。

这种压榨农民100余年的制度一经废除，一向遭受压迫的农民现在可以抬起头来了。到此为止，甘地应该可以稍微休息一下了。可是，在"撒地亚·哥拉哈农场"的安娜丝雅宾夫人告诉他说，阿赫梅达巴的纺织工人准备发动罢工，要他立刻回去调解。

纺织工人罢工

从契巴朗到阿赫梅达巴的路程虽然很远，可是，甘地仍旧搭乘三等车前往。这时，劳工与厂方的关系已经搞得很僵。劳工们的工资奇低，根本无法养家糊口，因此，劳工要求厂方提高工资，厂方却拒绝了这项要求。甘地和厂方商量，并且建议他们将这个纠纷提交仲裁，可是他们却不承认仲裁的原则。在不得已的情况下，甘地只好与劳工方的领导阶层会商，讨论准备罢工的事。

这次罢工，可以说是印度有史以来，首次有组织的大罢工，而且时间长达三个礼拜。头两个星期，纺织工人们表现了巨大的勇气和自制，天天都举行盛大的集会。甘地总是提醒他们坚持到底，而他们也总是高声向甘地保证说：他们宁死也不食言。但是，进行到第三个礼拜时，由于大家没有收入，生活渐感困难，脾气就开始急躁起来。参加集会的人越来越少了，而那些参加的人也是神情沮丧而绝望的。甘地想，万一大家沉不住气，采用暴力手段的话，就会迫使政府发动警察镇压，那他们两个礼拜以来的努力不就白费了吗？在这种情况下，他不得不认真考虑他的责任究竟是什么。

一天早上，聚集在外面的人不知为了什么，竟暴乱起来。这时，甘地突然灵光一闪，想起母亲以前的"绝食"。

"除非罢工工人重新集合起来，直到事情获得解决，否则我绝不吃任何食物。"甘地向大会宣称。

工人们知道他正在绝食，便劝阻说："先生，请你不要再绝食了。都怪我们太软弱、太暴躁，现在我们可以对你发誓，我们一定会坚守和平的原则，争取罢工的胜利。"

曾经一度动摇信念的工人竟然又恢复了镇静，厂方觉得事态严重，再持续下去，一定会带来更大的损失，因此不得不同意谈判工资问题。这项谈判是在安娜丝雅宾夫人的家里召开的，就在甘地绝食的第三天，双方的条件便谈妥了。

罢工活动以劳工们的胜利告终。纺织工厂的烟囱又冒出浓浓的黑烟，继续生产了。

自己纺纱织布

甘地回到印度以后，一面忙着从事前面所提到的各种活动，另一方面也积极思考让农民自己织布的事。印度虽然是

坐在纺车旁的甘地

世界最大的棉花产地，令人奇怪的是，印度本国却没有织布工业，这是什么缘故呢？印度商人把棉花廉价卖给英国商人，英国商人把棉花运回本国加工制线，织成布匹，然后，运到印度来以很高的价钱出售。印度人所穿的衣服，都是昂贵的英国制品。和甘地在契巴朗所看到的情形一样，有许多人穷得连换洗的衣服都没有。这种吃力不讨好的交易如果长久继续下去，印度将永远无法脱离贫穷。

因此，甘地对大家说："我们不应该再向英国购买高价的布匹了，我们应该靠自己的力量织布。"

当然，能够建立纺织厂和制线厂是最好不过了，可要完成这样大的工程，谈何容易？再说，就算他们真能办到，英国人能坐视不管吗？甘地决定劝说农民织布，这样英国人就不便干涉了。

虽然方针已经确定，可是实施起来却不容易。他们买了两三部织布机，遗憾的是没有一个人懂得操作方法。因此，他们便在邻村请来一个女人教导他们。这个女人性情内向，从来没有在大庭广众之下讲过话，所以教授的效果不是很理想，再加上大家对机械一向外行，自然收不到任何效果。

后来，甘地的侄儿马干达·甘地经过认真钻研，终于领悟了织布的方法。他来指导工人操作，没多久，农场的人都会织布了。

就在貌似已经看到希望的时候，他们却遇到了另一个难题：农民想要织布，却无法买到便宜的棉线，因为棉线和布匹一样，都是英国人制造的，价格昂贵。

甘地便全国各地寻找可以廉价供应棉线的工厂，好不容易才找到一家印度人经营的制线工厂，甘地和他们商量好，由他们供应棉线。可是单靠这一家工厂，根本无法供应日渐发达的全国织布业的需要。甘地又想到让农民一面用纺织机织布，一面用纺车纺线。

甘地花了很长时间收购纺车，结果非常令人失望，因为自从英国制的棉布打进印度市场以后，再也没有人用旧式纺车纺线了。他到偏僻的乡下访问时，发现古老的纺车大多被弃置在仓库的角落里。

1917 年，甘地受某教育会议议长的委托，前往布罗吉办事。在那里凑巧遇到以前认识的玛吉姆达夫人，因为玛吉姆达夫人生性外向，交游广阔，甘地相信这个问题难不倒她，于是便委托她寻找纺车。

果然不出所料，玛吉姆达夫人花了很短的时间便在哥吉拉特的毕加堡村找到了纺车。她买下一部旧纺车送来给甘地看，并对他说："甘地先生，这个村子的农家大都有纺车，虽然现在已经弃置不用了，但是大家表示，只要有纺线的棉花，他们愿意继续纺线，提供我们织布的原料。"

甘地当时高兴得几乎要跳起来，便想立刻派人把棉花送到毕加堡去。可是，令他感到意外的是，他想尽了各种办法，也无法买到加工过的制线棉花。在不得已的情形下，甘地只好去找一个经营棉花工厂的朋友帮忙，朋友知道他的来意后，便很慷慨地说："好！我把工厂里所有的棉花都给你。"

这个朋友提供的棉花质量优良，甘地把棉花交给玛吉姆达夫人，请她转寄到毕加堡。不久，毕加堡的农民就把制好的棉线和棉布寄来。

看到印度人自己种植的棉花，再由印度人自己纺成线、织成布，甘地感动得热泪盈眶。但他并未因此而满足，虽然目前的棉布的确是印度人自己制成的，但是由棉花园采下来的厚棉必须经过工厂加工，才能成为纺纱用的原料棉。为了使印度农人完全独立，早日脱离贫穷，就必须从开始种棉直到织成布的整个过程，都靠印度人自己的力量来完成。

为了实现这个目标，甘地又要求玛吉姆达夫人帮忙寻找能够把原棉制成原料棉的人。她不辞辛苦，四处探访，终于找到一个老太太来帮忙。他们每天付给老太太35卢比的工资，工资虽然有点贵，但只要能够使农人懂得如何制造原料棉，花再多的钱也是值得的。

就这样，印度人自己就可以完成从播种、采收、制成原料棉到纺纱、织布的所有流程了。

毕加堡制造出来的布被称为"毕加堡绒布",质地优良,韧性也极好。很快地,"撒地亚·哥拉哈农场"也能制造这种布料,他们便向全国的贫民推广这种织布方法。

甘地的侄儿马干达·甘地对机械很感兴趣,他改良的纺车和织布机不仅更容易操作,制造出来的成品也更为优良。这种改良后的纺车和织布机在各地的机械厂均有制售,价格也很便宜。

甘地在自己的房间内也放了一部改良后的纺车。每当他感到大脑疲劳,或想要活动活动筋骨时,就坐在纺车前纺线。纺车发出的声音听起来非常悦耳,可以安抚急躁的情绪。甘地心想,一旦纺车的声音响遍全国农村时,所有印度人心里将会呈现一片祥和吧!

全国性的大罢工

回到印度之后,甘地一直为各种问题四处奔波,因为积劳成疾,他在 1918 年春天得了严重的赤痢,情况非常危险,甚至连他的妻子也认为他无药可救了。

嘉斯杜白、农场的同志、国民大会党的领导人以及一些从未见过面的农民都忧伤地说:"为了拯救危难中的印度,为了我们全民族的希望,甘地先生一定得挺过来。"

这些鼓励使甘地非常感动，他的心里也燃起了一股强烈的求生信念。对！为了民众、为了印度，他还不能死，他必须继续领导大家进行"撒地亚·哥拉哈运动"。

说也奇怪，自从他产生这个求生意念之后，本来被认为回生无望的他竟逐渐康复了。第二年春天，他已经能够起来走动了。

在他的健康还没有完全恢复的时候，又发生了一件大事。1917年12月，由罗拉特等5名委员所组织的访问团到印度实地调查时，曾对他们作出口头承诺，承诺等一战结束后，印度的自治权可以得到大幅度提高。可是到了1919年初夏，英方不肯实践这项诺言，不仅如此，与调查报告书同时公布的新法案几乎完全推翻了原先的承诺。

为了掩饰自己的失信行为，罗拉特委员会所发表的报告书完全歪曲事实。新订立的法案规定假如印度人参加反政府活动，警察可以不需要拘捕证而将他们加以逮捕，而且不必经过法院的审判，就可定罪入狱。

这一法案完全是为了控制印度的国民运动。为了抵制这个不合理的法案，甘地立刻与居住在阿赫梅达巴的朋友商量对策。联想到在南非所遭遇的种种，一些农场的同志便建议他说："甘地先生，我们何不再举行一次大规模的'撒地亚·哥拉哈运动'呢？我想除此以外，没有更好的办法了。"

甘地仔细考虑了很久，从各方面来看，要在印度推行"撒地亚·哥拉哈运动"，实在有很多困难，印度的情形毕竟与南非不同，应该另外谋求解决的办法才是上策。

正当他为这件事煞费苦心的时候，活跃在印度南部地区的拉加哥巴拉基里给他写了一封信，想与他商讨有关"罗拉特法案"的事。这时，他的身体还没有完全复原，但是为了争取时间，他还是在约定的时间到达。他们每天都花费很长的时间商讨问题，但也没商讨出个什么结果来。

不久，罗拉特法案就在议会中通过了，而且预计在短期内就会向全印度颁布施行。

那天晚上甘地心急如焚、辗转难眠，就在天将亮时，他突然灵机一动，想起一个好办法来。他立刻起身去找拉加哥巴拉基里，对他说："我想到对策了，我们发动全国人民一起罢工，让一切工作都停顿24小时，也就是商人罢市、工人罢工、学生罢课，大家同为印度的前途虔诚地祷告。"

拉加哥巴拉基里非常赞成甘地的意见，并马上通知了印度各地的领导人。各地的领导人也都一致赞成。于是，他们就起草了一份通俗易懂的宣言，全国性罢工的日子定在4月6日。

由于时间仓促，宣传不够，甘地推测大概只有孟买、马德拉斯、毕哈尔、辛多等地区的人能参加这项活动。可是，当4月6日来临时，活动的情形却大大出乎他的意料。全印度从东到西，从城市到农村，所有的人都热烈响应这项活动。看到这种情形，甘地深深了解到，印度人民是多么痛恨英国政府背信弃义的行为！同时，他们又是多么信赖他们的领导人。

停止"撒地亚·哥拉哈运动"

这次罢工运动的成功对甘地产生了极大的鼓舞作用。继马德拉斯之旅后，甘地又趁热打铁前往孟买，计划以孟买为中心，推行"撒地亚·哥拉哈运动"。

为了进一步抵抗英国政府，甘地所采取的措施主要有两点：第一，从制盐业着手，达到不合作的目的；第二，发行政府禁止出售的书籍。

1931年的甘地

由于印度天气炎热，人们对盐的需求就和水一样迫切。当时，食盐业是政府经营的，要扣很高的税金，私人制盐出售是不被允许的。不过，甘地仔细查看法律条文，发现法律虽然规定人民不可制盐出售，但是没有规定人民不可以制盐自己食用，因此，甘地极力劝说大家用海水来制盐，不必以高价向政府购买。

至于发行禁书方面，过去甘地所著的《印度自治》以及把罗斯金思想加以诠释而著的《沙波达雅》，都被政府禁止发行，他现在就是不管政府的禁令，照常发行出售，以达到不合作的抗议目的。

到孟买后，甘地要做的第一件事，就是发行禁售的书刊。《印度自治》和《沙波达雅》这两本书印出来以后，立刻就被想要加入"撒地亚·哥拉哈运动"的人抢购一空，这本书的定价是每本 4 安那，价格非常便宜，令人感动的是，没有一个人照原价购买，他们都把身上所有的钱都拿出来，以 5 卢比、10 卢比，甚至 50 卢比的高价购买。甘地对这些买书的人说："这两本书都是政府规定的禁书，万一被发现了，很可能会被捕入狱，所以，我希望大家考虑清楚。"

虽然他把利害关系告诉了大家，但是大家仍然坚定地买下了这两本书，没有一个人犹豫。

从这一点来看，甘地深信"撒地亚·哥拉哈运动"能在孟买发展和壮大。他希望在更多地方播下"撒地亚·哥拉哈运动"的种子，于是又搭乘三等车匆匆赶往德里，以及喜马拉雅山附近的阿姆利则。

当甘地乘坐的火车抵达德里的前一站巴尔瓦尔时，突然有 3 名警察走进车厢，他们递给甘地一张字条说："请看看这张字条，你必须服从命令。"字条的大意是说不欢迎甘地前往德里和阿姆利则，因为他将会破坏那里的秩序，他们希望他立刻返回。

这道命令实在太过分，甘地义正词严地说："我是受人邀请而来的，我不是去扰乱秩序，而是去安定人心。所以很抱歉，我不能服从这个命令。"

经过一番争执，甘地终于被他们拖下车，并被强制押入回程的火车。

甘地被警察押回来的消息早已传遍孟买各个角落。在这班车尚未抵达之前，孟买车站早已聚集了许多印度同胞。警察已经知道了这件事，要他在孟买前一站下车。如果这时意气用事的话，一定会引起很大的骚乱，所以甘地便接受了他们的要求，下车后先去了一个朋友家里，朋友看到他后紧张地说："甘地先生，请立刻到匹兹尼广场去。大家听说你被捕了，都很愤怒，现在正聚集在广场上，随时可能发生暴乱，县长和警察都已经赶到那里去了。他们试图平息这场风波，可是事情却越闹越僵。"

就在这时，安娜丝雅宾夫人刚好赶来找他，甘地立刻坐上她的车赶往匹兹尼广场。安娜丝雅宾夫人忧心忡忡地说："民众已经忍不住了，他们十分愤怒，我们无法使他们安静下来。"

当他们抵达广场时，聚集在那里的数千名印度同胞一看到车内的甘地，便兴奋地喊着："我们的甘地万岁！印度万岁！"

大家欢欣雀跃跟在甘地的车后，很自然地形成了以他的车为首的行进行列。甘地想，这样一来就不必担心他们发生暴动，"撒地亚·哥拉哈"的成果也不会遭到破坏了。

当游行队伍经过拉赫曼大街时，突然发现有一队骑马的警察挡住了他们的去路，他们全副武装，带着长枪、指挥刀以及手枪等，阻止民众进一步向要塞的方向行进。群众挤得水泄不通，他们几乎突破了警察的警戒线。甘地在车内向外探看时，发现自己坐的车就夹在警察和手无寸铁的民众之间，要使队伍停下来也来不及了。

"把游行队伍驱散。"指挥官一声令下，于是马队便立刻向群众冲过来，一边跑一边挥舞着枪矛……甘地看到被指挥刀砍伤的男女、被马踢倒的少年惊恐地躺在地上，呻吟不止，他虽然很想救他们，但却无能为力。当一名持枪的警察朝他的坐车方向走来时，他想，这下我要完了！还好枪矛挥过来的时候，只不过擦上汽车罢了。

这种混乱凄惨的场面大约持续了30分钟，游行队伍被冲散后，甘地的汽车获准前行。一路上，他不断地回想刚刚发生的事情，觉得很痛心。警察用杀人工具来对付手无寸铁的老百姓，简直就和地狱中的魔鬼一样残忍。更令人痛心的是，这种惨无人道的事，竟发生在光天化日下的孟买街头，真是太无法无天了。

于是，他就直接驱车前往印度总督府，抗议警察用这种残暴手段对付手无寸铁的老百姓的卑鄙做法。英方不但不反省检讨，反而怪印度人非法集会。

既然抗议不能取得效果，甘地就告诉他，他打算举行一次群众大会。获得许可后，他才离开总督府办公室。

在孟买发生的这件事固然令人感到遗憾，可是类似的事件也曾在其他的地方发生。安娜丝雅宾夫人说，阿赫梅达巴也曾发生过这样的事，原因是在商讨全面罢工的会议上，有人散播谣言，说安娜丝雅宾夫人被捕了，纺织工人听说她被捕都气得发了疯，他们举行了罢工，采取了暴力行动，还打死了一名警官。

为了使这次引起的一连串暴力事件所带来的不良后果降到最低，在处理孟买事件之后，甘地立刻赶到了阿赫梅达巴。当时，与阿赫梅达巴相邻城市的铁路已遭破坏，这件事使阿赫梅达巴进入戒严状态，市民在夜间被禁止外出和集会。另一方面，由于曾经发动暴动，市民怕英国人报复，所以也都不敢随意外出。

当甘地访问总督府代理官普拉特时，他气势汹汹地责备他说："甘地先生，这种暴力活动就是所谓的'撒地亚·哥拉哈'吗？这件事情你应该负全部责任！"

虽然在孟买时甘地曾亲眼目击警察对民众施暴的情景。不过，铁路遭到破坏的这一点，印度人民确实有不可推卸的责任。因此，甘地立刻向他道歉，并要求说："我对造成的骚动感到遗憾，我这次从孟买赶来，就是为了解决这件事，请准许我在这里召开一次群众大会，让我和民众一起检讨。"

得到普拉特的允诺后，甘地就决定于 4 月 13 日，在"撒地亚·哥拉哈农场"召开群众大会。甘地在会中发表谈话，要求大家彻底反省。

> 各位同胞：我所提倡的"撒地亚·哥拉哈运动"，一向以不使用暴力为首要原则，来贯彻不服从对方命令的宗旨。大家必须明白，面对暴力、武器的威胁，而能不抵抗、不畏缩地继续坚持不合作的原则，需要比使用暴力多得多的勇气。现在，我们就是要用这种方式来抵制不合理的事，我们必须维护"撒地亚·哥拉哈"的真理和精神。不论对方的态度如何恶劣，甚至使用刀枪来胁迫我们，我们也绝不抵抗。请各位无论如何要认清这一点，在言论、思考及行动上，都要以"非暴力"作为最高原则。

接着，甘地又向大家说明造成这次不幸事件的原因，完全是他督导不善所致，为了向神赎罪，他决定绝食三天以示忏悔。他也呼吁人民绝食一天，还建议那些犯有暴行的人承认自己的罪过。

会议结束后，一些阿赫梅达巴的主要领导人来见他，要求暂时停止"撒地亚·哥拉哈运动"。这时，甘地也下定决心，在人民没有学完全了解非暴力的意义之前，停止进行非暴力抵抗运动。

甘地的决定立刻引起农场内同志的不满，他们认为，如果采用完全非暴力的方式，群众性的非暴力抵抗运动就不可能大规模发动起来。如果不能发动大规模的"撒地亚·哥拉哈运动"，不管再过多少年，印度都无法脱离英国的控制而获得独立。

甘地很了解他们的心情和想法，可是他觉得，在数千人、数万人当中，只要有一个人使用了暴力，就不能算是正当的"撒地亚·哥拉哈运动"了。因此，不管他们怎么说，甘地绝不改变决心。

阿赫梅达巴事件处理完毕后，甘地首先要做的工作，就是把"撒地亚·哥拉哈"的精神灌输给印度人民。要使这么多农人、工人了解"撒地亚·哥拉哈"的和平精神，实在不容易。要让所有印度人完全具备"撒地亚·哥拉哈"的精神，更不是短期内能够达成的目标，必须要有周详的计划和长远的目标才能早日实现这个理想。为了扩大效果，他就把过去他所发行的《神之子》杂志扩大刊行，并印成各种新的小册子发给群众。

阿姆利则血案

4月13日，甘地在阿赫梅达巴的农场召开群众大会。

甘地和尼赫鲁

在另一个地方，阿姆利则也发生了一件令人震惊的事情。由于英国人封锁消息，所以，除了当地居民外，没有任何印度人知道这件事，直到三四个月之后，这个消息才逐渐被传播开来。

这件事的起因是在 4 月 6 日这天，阿姆利则地区的人为了响应全国的罢工，也开展了活动。当地总督戴亚将军看到街上庞大的游行队伍，便立刻发布戒严令，出动军队禁止任何集会。

4 月 6 日过去了，但戒严令却迟迟没有解除，因此，市民便决定一个星期之后（也就是 4 月 13 日），在贾利安瓦拉巴格广场集会抗议。戴尔将军知道后以后，立即命令军队全副武装，包围在公园集会的人。

军队把广场包围了起来，在广场的唯一出入口架设机关枪，疯狂地向手无寸铁的群众扫射。群众听到枪声，不知道发生了什么事情，纷纷拥到出口处，这样一来，反而造成了更大的伤亡。那些军人扫射完毕后，便头也不回地离去了。这次事件中有 400 人当场死亡，受伤者达 1200 人之多。

这个消息传到英国后，英国舆论分成两派：保守派人士把戴亚将军捧成英雄人物，还发动捐款来奖励他；自由主义派人士则认为戴亚将军的做法应该被谴责，他们要求英国议会组织"阿姆利则事件调查委员会"，到印度来实地了解事情的真相。

连英国人也毫不偏袒地抨击戴亚的做法，令人稍感安慰，可见公理、正义自在人心。但令人遗憾的是，"阿姆利则事件调查委员会"的成员全是英国人，此次调查可能有失公正。因此甘地必须站出来，站在印度人的立场参与调查工作。甘地向旁遮普的州政府申请进入阿姆利则，可是几个月过去了，却一点回音也没有。直到当年10月，许可证才下来。心急如焚的甘地便立刻动身前往阿姆利则。

甘地抵达阿姆利则时，火车站前的广场早已聚满热情的民众，他们一看到甘地就欢呼：

"甘地先生来了！"

"甘地万岁！"

甘地离开人群，想先在朋友家商讨事情，但他还没来得及坐下，群众又蜂拥着跟了过来，几乎不用他发问，他们就详细地跟他陈述了戴亚将军的残酷迫害行为。

虽然甘地每天都认真地进行调查，但是一个人的能力毕竟有限，难以获得好的效果。印度国民大会党看到他孤军奋斗，便派了尼赫鲁父子来协助他。他与尼赫鲁父子的深厚感情，就是在这时候开始建立的。

不久，英皇所宣布的《印度政府法案》颁布实施了。这个改革案是按照第一次世界大战时，英国与印度双方的约定，把不合理的亚洲法和罗拉特法等加以修改而形成的。这项法案声称："在印度政府的各个部门中逐步加强与印度人的联系，以使其自治体制日趋发展；旨在使帝国内的一个组成部分——英属印度进一步实现责任政府制度。"

新颁的宪法名义上是让印度自治，而事实上，只不过在各州政府的大臣中多安插几个印度人罢了，这只是英国企图掩人耳目的手段而已。

这种自欺欺人的自治法案，当然令甘地极度不满，其他人也都不满意。印度的领导阶层对此事的看法也不一致，有的同意接受这个不完整的自治法案，有的则表示完全反对。就在这时，国民大会党的领导人来访问甘地时向他表示："国民大会党的总会不久将在阿姆利则揭幕，大家都想听听你对自治法案的看法，这次你无论如何要正式参加，不要再像以前一样只站在旁观者的立场。"

他的语气恳切、态度诚挚，使甘地无法拒绝，只好应允下来。

戈克利在世时，就曾一再劝甘地加入国民大会党，都被他委婉拒绝了。因为那时他认为，通过精神运动来解救印度，要比参加政治活动有效而且重要得多。可是，自从阿姆利则事件发生后，他开始明白，要促进印度的独立，已不能只停留在精神运动的阶段了。因此，就在当年 12 月，他正式参加在阿姆利则举行的国民大会党总会。

在这次会议中，大家一致决定暂时接受英国颁布的不完整的自治案。同时，为了促使印度早日独立，他们决定继续对英国展开不合作运动。这个不合作运动于第二年间开始实施，要点如下：

一、不参加殖民政府的一切集会；

二、抵制英国殖民教育，退出英国官方学校，自己开办学校；

三、抵制英国法院，自设仲裁机构；

四、拒绝到美索不达米亚参军服劳役；

五、抵制议会选举；

六、抵制外国货；

七、凡是英国赐予的身份和封号，一律退还英国政府；

八、不购买政府公债。

这八项不合作运动要点浅显明白，任何人都能够理解，也都可以做到，因此获得了全体印度人的支持。为了响应这项运动，出生在印度的著名诗人泰戈尔公开宣告放弃英国政府赐给他的爵士称号，甘地也把以前在南非时得到的 3 枚勋章退还英国。在短期内，不合作运动就像燎原之火，迅速蔓延开来。

在阿姆利则召开国民大会时，有一天在中午休息时，甘地对议长默第拉·尼赫鲁说："尼赫鲁先生，你不觉得会场

の秩序有些乱吗？不相干的人进进出出，不但谁是正式代表

的秩序有些乱吗？不相干的人进进出出，不但谁是正式代表搞不清楚，就连票数也无法统计出来。"

默第拉·尼赫鲁颇有同感地说："你说得很对，目前国民大会党的规章原是戈克利生前制订的，因为最近党员人数剧增，需要议决的事也大量增多，所以这项规章已不大适用现在了，我想请你拟订新的规章，你觉得怎么样？"

当他把这个主张向大会提出时，大家一致赞成由甘地负责制订新的规章。虽然甘地很乐意接受这项工作，可是由于加入国民大会党的人都热切地盼望自己的国家能够独立，每一个人都热心地参与各项活动，所以国民大会党无形中就成了奠定印度独立的基石。将来印度一旦独立，国民大会党可能会成为印度最大的政党，因此，要制订新的规章时，必须把将来的情况都考虑进去。一想到这项工作的深远意义，甘地就再也轻松不起来了。

在他接受制订新规章的任务之前，为了要使规章发挥更大的效力，他提出了一个条件，要求印度目前最高领导人罗克曼雅和德杰班斯加入制订委员会。这项要求很快被接受了。阿姆利则会议结束后，甘地立刻着手筹划有关新规章的工作。因为委员们散居各处，而且工作忙碌，党章委员会连一次会也没有开成，但是他们依靠通信互相商讨，最后提出了一个一致同意的报告书。

关于真理

甘地的遗物：金属边眼镜、皮凉鞋、怀表和两件餐具

自从 1919 年年底参加阿姆利则的国民大会党会议之后，甘地就开始直接参与政治活动，受到举世的注目。他提倡的通过非暴力不合作运动，来抵抗英国，不仅为印度的独立自主贡献了力量，也鼓舞了亚洲和非洲的殖民地，成为他们黑暗中的明灯。

1947 年 8 月 15 日，印度终于脱离英国的长期统治，成立印度共和国。

1948 年 1 月 30 日，79 岁的甘地在一次调解教派纷争的活动中被一个极端分子枪击，而离开人世。

七十九年的岁月，全都贡献给争取祖国的独立，正如尼赫鲁所说的，他的光芒在往后的岁月里，仍将继续照耀着印度，以及全世界为自由和平而奋斗的人。

在甘地的一生中，他经常提到真理，他曾经说过："我有一种感觉，就是当我谈到或写到真理时，心里便呈现一片宁静。因为真理能使许多迷失的人了解诚实与爱的可贵。

"以前，我一直相信世界上除了'真理'之外，并没有'神'的存在。由真理所表现出来的就是宽恕别人的'爱'。当我绝望时，我会想起，在历史上只有真理和爱能得胜。历史上有很多暴君和凶手，在短期内或许是所向无敌的，但是终究总是会失败，好好想一想，永远都是这样……

"要在天地间做一个完人并不容易，在未来的人生道路上，必须越过峻险的高山，渡过深广的海洋。这崎岖漫长的道路，仍有待我们一步一步地走完它。"